Hetty Draayer
Offen zwischen Erde und Himmel

Hetty Draayer

OFFEN ZWISCHEN ERDE UND HIMMEL

Anleitungen und Übungen für den inneren Weg

Kösel

Übersetzung aus dem Holländischen: Hildegard Höhr, Köln.
Die Originalausgabe erschien unter dem Titel »Open tussen Aarde en Hemel« bei Mirananda uitgevers B. V., Wassenaar.

CIP-Kurztitelaufnahme der Deutschen Bibliothek

Draayer, Hetty:
Offen zwischen Erde und Himmel : Anleitungen u.
Übungen für d. inneren Weg / Hetty Draayer.
[Übers. aus d. Holländ.: Hildegard Höhr]. –
München : Kösel, 1985.
 Einheitssacht.: Open tussen aarde en hemel ⟨dt.⟩
 ISBN 3-466-34106-X

Copyright 1981 by Mirananda uitgevers B. V. (Carolus Verhulst)
© 1985 für die deutsche Ausgabe by Kösel-Verlag GmbH & Co.,
München.
Printed in Germany. Alle Rechte vorbehalten.
Gesamtherstellung: Kösel, Kempten.
Umschlag: Günther Oberhauser, München, unter Verwendung eines
Fotos von Burkhard Bartel.
ISBN 3-466-34106-X

Inhalt

Vorwort 9

1. Die verschärften Sinne 10
2. Erfahren 21
3. Übergabe 28
4. Selbsterkenntnis 34
5. Energie 41
6. Das innere Auge 51
7. Vibrationen, Farben und Töne 60
8. Wahrheit 70
9. Die gerade Furche 75
10. Beten 82
11. Leben 92
12. Die Bergpredigt 99
13. Das Vaterunser 113
14. Unser inneres Sehen 122
15. Das Licht 126

Für mich bedeuten Liebe, Einweihung und Heilung im Grunde das gleiche.
Jeder erlebt dies auf seine Weise.

Man kann Christus in sich selbst begegnen und Ihn nicht erkennen. Man gibt Ihm andere Namen: Licht, das Numinose, Herausgehoben-Sein.

Jemand kann von Initiation zu Initiation weitergehen, ohne »berührt« zu werden, und damit glücklich sein.

Vorwort

In dieser Fortsetzung meines ersten Buches »Finde dich selbst durch Meditation« gehe ich mit Ihnen weiter auf dem inneren Weg. Dabei lernen wir immer mehr, unseren Körper als einen Spiegel von Seele und Geist wahrzunehmen. Dazu ist es notwendig, daß Sie auch lesen, was den Übungen vorausgeht.
Sie lernen, Ihr eigenes Licht und Dunkel in Ihrem Spiegel wahrzunehmen. Durch die Übungen folgen Sie Strömungen, die durch Sie hindurchgehen, die sich vertiefen, Seitenströme bekommen und tiefe Quellen erschließen.
Langsam und aufmerksam gehen wir miteinander auf die Reise. Eine lange Reise, die ein Menschenleben dauern kann, die aber sehr fesselnd ist, uns ganz erfüllend.
Die folgenden Zeilen, aus dem Spanischen übersetzt, bekam ich zugeschickt:

> Lauf nicht, geh langsam:
> Du mußt nur auf dich zugehn!
> Geh langsam, lauf nicht,
> denn das Kind deines Ichs,
> das ewig neugeborene,
> kann dir nicht folgen!

1 Die verschärften Sinne

In diesem Buch versuchen wir, bewußter zu erfahren, was Meditation wirklich beinhaltet, nämlich: Einswerden mit dem Kern in uns. Dem Kern unseres Wesens, durch den sich langsam aber sicher Transformation vollziehen kann.
Mit Hilfe unserer Sinne werden wir in dieser Transformation immer empfindlicher für das innere Licht.

Wenn wir den Weg in uns selbst klar erkennen wollen, kommen uns bestimmte Gaben zu Hilfe, die notwendig sind, um uns tiefer nach innen zu wenden: Inspiration, Intuition und Vorstellungsvermögen.
Wenn wir noch unbewußt leben, bilden die Sinnesorgane unsere Grenzen. Die fünf Sinne, mit denen wir die Welt außerhalb von uns wahrnehmen: das Sehen, das Riechen, das Hören, das Schmecken, das Fühlen. Trotzdem bleiben wir in uns selbst befangen, denn die Haut bleibt verschlossen.
Es sei denn, wir atmen von unserer Quelle, vom Chi aus, wodurch die Haut sich öffnet. Dann wird auch sie zu einem Sinnesorgan.
Durch die Haut hindurch können wir aus uns selbst heraustreten. Unser Sehen wird dann mehr zu einem *Schauen mit inneren Augen,* wodurch Wärme entsteht.
Jedes innere Auge hat sein eigenes Licht, seine Farbe, seine Wärme und Kraft, seinen eigenen Bereich.
Durch die entstehende Wärme kommen wir tiefer in unseren Körper hinein – mit Hilfe des Ein- und Ausatmens von unserer Quelle aus, dem Chi, Ki oder Prana.
So öffnen wir immer mehr in uns: Kanäle, Quellen, Wege von Licht, große und kleine Räume. Dadurch verändern wir uns.
Neue Energieströme, ein neuartiges Wahrnehmen, ein neues Denken und Fühlen, eine neue Vibration gehen durch uns hindurch und von uns aus zum anderen hin.

Durch die Verschärfung der Sinne schärft sich gleichzeitig auch unsere Intuition. So nehmen wir, unserer eigenen Dunkelheit bewußt, den anderen aus unserer Tiefe heraus wahr. Dies geschieht nicht, wie zuvor, nur kritisch und analytisch, sondern mit Wärme und Verständnis, mit Weisheit. Durch diese verfeinerten Vibrationen erreicht uns deutlich die Not des anderen, seine unausgesprochene Bitte um Hilfe. Wir müssen versuchen, uns in größerer Reinheit, mit mehr Liebe und Vertrauen zu anderen hin zu öffnen.

Schauend dringen wir in jeden Bereich unseres Inneren ein. So können wir Dunkelheit und Licht in uns wahrnehmen und daran arbeiten, durch das Dunkle nach innen zu gehen. Mitten hindurch zu sehen und dies auszuhalten. Viele haben Angst davor und projizieren ihr eigenes Dunkles auf ihre Mitmenschen.

Durch unser Atmen und Loslassen transformieren wir Dunkles zu Licht. Indem wir von unserer Chi-Quelle aus atmen, geben wir im Ausatem durch die geöffneten Poren Dunkles ab und empfangen mit dem Einatem das Licht, kosmisches Licht aus der großen Quelle, Gott. Dieses Licht befindet sich im Kern unseres Wesens, in unserer Quelle. Wenn wir vom Chi, von unserer Quelle aus atmen, sind wir verbunden mit der großen Quelle, die wir Gott nennen.

In dieser Verbindung strahlen wir das empfangene Licht als Wärme, als Energie nach außen, auf die Menschen unserer Umgebung. Auch durch die Strahlung unserer Aura geben wir Licht weiter.

Je mehr Verständnis wir für die sieben Zentren des Bewußtseins in uns erlangen, für die Chakras, desto nachdrücklicher können wir selbst an unserer Bewußtwerdung mitarbeiten. In der Offenbarung des Johannes, in der Bibel, werden diese sieben Zentren des Bewußtseins als sieben goldene Kerzen oder sieben Sterne dargestellt. Dort wird jedoch nicht erwähnt, daß sie Instrumente für Energie sind und am Prozeß unserer Bewußtwerdung mitwirken. Daß kosmisches Licht und Bewußtwerdung in uns eine Einheit bilden, ist für die Wissenschaft wie auch im Bereich der Religion etwas Neues. Durch die beschleunigte Evolution, die wir in unserer Zeit erleben, wird aber für immer mehr Menschen zur Realität, was früher nur Eingeweihten bekannt war.

Ganz früh am Morgen, bei Sonnenaufgang – das ist die richtige Zeit für die Meditation – sehen wir noch keine Farben, sondern nur Nebel und verschiedene Grautöne, die sich manchmal, wenn wir in größerer Höhe wohnen – im Hügelland oder in den Bergen –, zu einer Wolkendecke verdichten. Je klarer das Sonnenlicht wird, um so stärker beleben sich die Grautöne. Auch die Schleier lösen sich dann auf. Schließlich haben die Grautöne genügend Sonnenlicht absorbiert, um Farben zu reflektieren: Rosarot, Lila, Gold, überirdisch zartes Grün. Die Farben befinden sich im Licht selbst und nicht in den Gegenständen um uns herum.

Ebenso scheint das kosmische Licht auch in uns, sonst könnten wir das Dunkle nicht wahrnehmen, uns unserer Gedanken, Gefühle und Vorstellungen nicht bewußt werden.

Schließen wir einmal unsere Augen und nehmen wir die Gedanken, die Bilder, die Gefühle in uns wahr. Wir nehmen dann Licht wahr, Lichtpunkte, Lichtblitze, und wer beharrlich übt und meditiert, wird schließlich strahlendes Licht wahrnehmen, weißes, goldenes oder farbiges, das ist von Mensch zu Mensch verschieden.

Das *vertiefte Schmecken* verändert unsere Wertvorstellungen. Was ist damit gemeint?

Bedingt durch unser nur wenig bewußtes Geschäftigsein haben wir verlernt, zu schmecken, was wir essen. Mit einem Teller voll Essen auf dem Schoß sehen wir uns das Fernsehprogramm an oder wir lesen die Zeitung mit einem Butterbrot in der Hand. Abends wissen wir oft nicht mehr, was wir mittags gegessen haben.

Was jedoch ist festlicher und gemütlicher als zusammen am Tisch zu sitzen und zu essen, die Farben und Düfte und den leckeren Geschmack zu genießen! Wir alle erinnern uns an solche festlichen Mahlzeiten, bei denen es Zeit und Ruhe gibt, einander zuzuhören, und durch die sich die Freundschaft vertieft.

Wir kauen dann auch bewußter und brauchen weniger Nahrung.

Unser Körper muß durchströmt sein; deshalb ist es gut, vom Tisch schon aufzustehen, auch wenn wir gern noch mehr essen möchten.
Wir kommen dann wie von selbst zu einem Bewußtsein unserer Zunge, mit der wir schmecken, ob wir etwas mögen, ob es salzig oder süß, bitter, herb, scharf oder sauer ist.
Wenn wir vom Chi aus atmen, sind wir offen zwischen Erde und Himmel, und unser inneres Auge funktioniert dann als ein verschärfter und verfeinerter Wahrnehmer. So wird der Geschmackssinn feiner und differenzierter. Diese Verfeinerung und Differenzierung wirkt sich auf unser gesamtes Wesen aus und beschränkt sich schließlich nicht mehr nur auf das Schmecken unserer Nahrung, sondern wird durch unsere geöffnete Haut hindurch zur Antenne. Dadurch verändern sich für uns die Werte.

Auf die gleiche Weise verändert sich unser *inneres Hören*. Wenn wir nicht auf unsere Quelle und von da aus in die Tiefe unseres Beckens horchen, sind wir oft so sehr mit unserer Reaktion auf das, was zuerst gesagt worden ist, beschäftigt, daß wir das darauf Folgende nicht mehr hören. So verfehlen wir leicht den Kernpunkt oder den inneren Zusammenhang einer Geschichte oder eines Gesprächs.
Wenn wir jedoch auf unsere Quelle und von ihr aus hinhören, horchen wir auf die Tiefe des anderen und sind mit ihr verbunden. Wir versuchen dann, seiner Sichtweise zu folgen und uns ihr zu öffnen. Wir stellen uns ihm nicht geistig gegenüber, wodurch eine unfruchtbare Diskussion entstünde. So kann sich ein aufbauendes Gespräch entwickeln, bei dem gemeinsames Suchen nach einer Lösung möglich ist. Das wirkt positiv und schafft Vertrauen.
Denn solange wir nicht vollkommen sind, wird es immer Konflikte zwischen Menschen geben. Wenn wir jedoch an unserem Ego, unserem kleinen Ich, arbeiten und jedesmal wieder von neuem nach der Einheit mit dem Kosmischen, mit Gott, suchen, werden wir immer deutlicher sehen, wie wir uns entwickeln müssen.

So öffnet sich das mystische Herz, und nimmt – unterstützt durch unsere Intuition – unsere Geisteskraft zu.
Das kritische, analytische Hören, das hart und gnadenlos ist, weicht einem Horchen mit Verständnis, Wärme und Weisheit.

Ebenso sind wir auch daran gewöhnt, nach außen hin zu tasten und auf diese Weise durch die Nerven der Sinnesorgane, die mit einem sehr subtilen Tastsinn in unserem Gehirn verbunden sind, wahrzunehmen, ob etwas zum Beispiel hart oder weich ist, naß oder trocken, kalt oder warm, rauh oder glatt, Wolle oder Seide, usw.
Das *innere Ertasten* bleibt meist ein unbewußtes Erleben. Wenn wir jedoch bewußt innerlich tasten, entsteht eine Strahlung, die so intensiv, reinigend, öffnend und heilend ist, daß wir uns von Gott durchdrungen fühlen, ihn fühlen und erfahren. Ohne Tasten und Fühlen würden wir dieses Gottesgefühl nicht kennenlernen.
Was wir als hart oder weich, rauh oder glatt ertasten, ist etwas, das nach außen strahlt. Was nach innen strahlt, ist das Einssein mit Gott, mit dem Kosmischen, mit dem Sein.

Übung I

Wir legen uns auf den Rücken, die Arme locker an unseren Seiten entlang, unsere Hände mit den Handflächen auf dem Boden. Die Beine liegen leicht auseinander, die Füße entspannt und etwas nach außen fallend.
Liege ich von innen heraus gerade?
Wir regulieren unseren Ein- und Ausatem vom Chi-Punkt aus und durch ihn. Er befindet sich drei Finger breit über dem Schambein, in der Tiefe unseres Beckens, nahe beim Kreuzbein.
Wir schauen nach innen, und vom untersten Wirbel aus gehen wir Wirbel um Wirbel nach oben.

Wir nehmen wahr, wo es dunkel ist, und verweilen bei diesem Wirbel, bis er hell wird. Dabei achten wir auf die linke und die rechte Seite.
Wer durch das innere Auge, den Punkt zwischen den Augenbrauen wahrnimmt, fühlt bei einem solchen Wirbel Spannung oder Schmerz.
Indem wir zwischen Haut und Wirbel Raum schaffen, entsteht dort Wärme, Energie, und dadurch löst sich die Spannung auf.
Immer höher steigen wir die Treppe hinauf, Stufe um Stufe, Brustwirbel um Brustwirbel, Nackenwirbel um Nackenwirbel und weiter durch den Hinterkopf, durch den Scheitelpunkt nach außen, bis wir oben auf unserer Dachterrasse stehen und uns dort umschauen.
Und dann gehen wir denselben Weg zurück, und spüren ganz deutlich, daß vieles losgelassen ist, vieles sich geändert hat – bis wir unten beim letzten Steißbeinwirbel angekommen sind.
Wir nehmen wahr, wie wir wie von selbst unser Kinn nach innen ziehen, unsere Schultern, Arme und Hände loslassen und wie unser Schwerpunkt sich in die Tiefe des Unterbauches verlagert.
Von diesem Schwerpunkt, unserem Chi-Punkt her, atmen wir ruhig ein und aus. Wir nehmen wahr, was sich durch uns hin entspannt, oberhalb des Chi-Punktes wie auch unterhalb.
Wir spüren, wie unser Kopf auf unseren Nackenwirbeln balanciert. Locker und entspannt. Wir machen uns bewußt, wo noch Spannung zwischen Kopf, Nacken, Hals und Kehle sitzt, und lassen los.
Jetzt entspannen wir die Vorderseite des Gesichts:
Wir lassen unser Gesicht los. Wir lassen unsere Kiefern los – und fühlen die Verbindung mit den übrigen Gelenken im ganzen Körper.
Wir lassen unsere Nase los – und fühlen die Verbindung mit unserer Wirbelsäule.
Wir lassen unsere Augen los, durch den Kopf, den Hinterkopf, durch die Haut des Hinterkopfes hindurch, und wir nehmen

wahr, wie die Spannung aus unseren beiden großen Zehen abfließt.

Wir lassen unsere Stirn los, durch den Kopf, den Hinterkopf, durch die Haut des Hinterkopfes hindurch, und wir nehmen wahr, wie sich gleichzeitig unsere Oberschenkel entspannen.

Wir entspannen unseren Hinterkopf, indem wir in den Schwerpunkt zwischen unseren Ohren hineinkriechen, und machen es dort weit, geräumig und tief. Dieser Punkt ist ein Schlaf- und Depressionspunkt.

Jetzt tasten wir ab:
Wie ist es unter unseren Ohren?
Hinter den Ohren?
Über den Ohren?
Wie fühlen sich unsere Schläfen an?

Wir gehen breit und tief in unseren Scheitelpunkt hinein und in einer weiten Spirale von unserem Scheitel aus um den Haaransatz herum. Ist zwischen unserer Kopfhaut und den Schädelknochen Raum?
Zwischen Haut und Stirnknochen?
Zwischen der Haut der Augenbrauen und den darunterliegenden Stirnknochen?

Das Schauen:

Wir nehmen wahr, wie sich unser Kopf verändert hat.
Wir schauen mit unserem Dritten Auge, dem Punkt zwischen den Augenbrauen, nach innen.
Wir schauen uns in unserem Kopf um.
Fühlt es sich entspannt an, leer?

Wenn wir unseren Geruchssinn verfeinern wollen, muß unsere Nase, unser Riechorgan, als Ganzheit funktionieren. Sie darf nicht verstopft sein, sondern muß offen und sauber sein. Wir erfahren dann deutlich den Geruch als eine Energie, die unser Gehirn durch die die Nase und den gesamten Körper durchziehenden Nerven der Sinnesorgane mit unserer Quelle verbindet.

Immer deutlicher erfahren wir, daß alle subtilen Sinnesorgane wie Augen, Ohr und Nase ebenso wie die Haut jeweils einem Raum in unserem Gehirn zugeordnet sind.

Übung II

Wir stellen uns vor, daß unsere Nasenlöcher bis zur Mitte unserer Wangen geöffnet sind, und atmen hoch in unser Nasenbein hinein. Wir spüren deutlich, wie das Einatmen unsere Nasenhöhle, unsere Stirnhöhle, die Hohlräume unseres Hinterkopfes und die Tiefe unseres Beckens füllt. Danach atmen wir ruhig aus und verfolgen diesen Vorgang innerlich.
Wenn wir so weiteratmen, ganz ruhig und aufmerksam, wird das Atmen zur Meditation.
Wir erfahren die Hohlräume des Körpers beim Einatmen als *einen* Raum, wobei der Akzent in der Bauchhöhle liegt.
Unser Kopf ist vollkommen klar und ausgeruht, *leer*.
Auch unsere Füße sind *leer,* ohne Müdigkeit und Spannung.

Das Schmecken:

Wir gehen breit und tief in unsere Zungenspitze hinein und nehmen wahr, ob die Zungenspitze, die linke oder rechte Seite der Zunge oder beide Seiten oder der Gaumen angespannt sind.
Wir fühlen uns ruhig dort hinein, atmen ganz still und rhythmisch weiter, bis sich die Spannung aufgelöst hat.
Jetzt fühlen wir auf der Zungenmitte, in Höhe des Zäpfchens noch einmal breit und tief nach innen.
Wir können nun eindeutig wahrnehmen, ob unsere Kehle und unser Nacken entspannt sind.
Wir spüren dann auch deutlich, wie wir unsere Zunge bis in den Beckenboden hinein wahrnehmen und wieviel Energie von ihr ausgeht.

Das Hören:

Das nach innen gerichtete Hören, das innere Ohr, umfaßt einen viel größeren Bereich als den des linken und rechten Ohrs. Durch das Atmen von unserer Quelle her liegt dieses innere Ohr entspannt und offen in unserem Rachen, etwa halbtief hinten, oberhalb unseres Kehlkopfes.
Wenn wir dies mit unserem inneren Auge wahrnehmen, erfahren wir beider Einheit. Das mystische Herz öffnet sich durch die Einheit von innerem Auge und innerem Ohr: Unter unserem Brustbein wird es warm und weit.
Wir begeben uns in die Gehörgänge unseres linken und rechten Ohrs und erfahren die Dreiheit des inneren Auges, des inneren Ohrs und des mystischen Herzens. Wie fühlen Sie sich so?
Wir tasten in uns selbst ab, wie weit und warm unsere Quelle sich anfühlt, und wie wir jetzt in unserem Selbst zu Hause angelangt sind.
Wir tasten von unserer Quelle aus die Einheit von innerem Auge, innerem Ohr und mystischem Herzen ab und nehmen die Veränderung in uns wahr.

Dies war ein Beispiel für vertieftes Tasten und Einfühlen. Spüren wir nun, wie alle Sinnesorgane durch die Verbindung unserer Quelle mit ihrem entsprechenden Bereich im Gehirn zusammenwirken?
Wir recken und strecken uns nun genüßlich von der Tiefe unseres Beckens her, die Arme zu den Seiten hin ausgedehnt. Wir gähnen ungeniert und atmen dann bewußt vom Becken her durch die offenen Fußsohlen hindurch aus.
Wir wiederholen dies dreimal.
Achten Sie darauf, wie klar und ausgeruht sich Ihre Stirn und Ihre Augen jetzt anfühlen.
Wir sind wieder auf die Erde zurückgekehrt.
Wir drehen uns auf die Seite und stehen langsam auf.

Meditation

Wir setzen uns jetzt zur Meditation hin, auf die Sitzknochen, das Steißbein frei. So bilden wir das heilige Dreieck.
Jetzt suchen wir einen vierten Punkt zwischen Rektum und Vagina oder Testes, mitten auf der Basis des heiligen Dreiecks. Dieser vierte Punkt ist ein besonders wichtiger Punkt. Abgesehen davon, daß er ein wichtiger Blasenpunkt ist, ist er unmittelbar mit dem Punkt der Weisheit in der Mitte unseres Schädels verbunden. Die Blase, der gesamte Wasserhaushalt in uns, spiegelt Angst, Sorge und Unsicherheit wider. Erst wenn dieser wichtige Blasenpunkt entspannt ist, öffnet sich der Punkt der Weisheit, und wir sind von der Haut des Beckenbodens aus mit dem Himmel verbunden: Mut, Vertrauen und gläubige Geduld erfüllen uns.
Dieser Blasenpunkt ist auch ein Punkt der Sexualität. Ist er entspannt, so wird die sexuelle Kraft in uns in heilende Kraft umgewandelt. Hierbei hilft auch wieder das heilige Dreieck mit seiner heilenden Strahlung.
Wenn diese vier Punkte weit, geräumig und tief offen sind, dann sitzen wir wie ein Reiter zu Pferde fest im Sattel. Unsere Beine und Füße strahlen und werden durchströmt. Oder wir gleichen einem Berg, der aus der Erde emporragt, breit und schwer am Fuß, mit hohem Gipfel, über den die Wolken dahinziehen.
Wir lassen unseren Atem zu einem so stillen und tiefen Geschehen werden, daß wir erfahren:

> Dreifach ist der Rhythmus des Lebens:
> nehmen
>   – geben
>   – sich selbst vergessen.

Einatmend nehme ich die Welt in mich auf.
Ausatmend gebe ich mich an die Welt.
Leergeworden lebe ich in mir selbst –
leer
     – ohne Selbst
            – in vollkommener Leere.

Einatmend nehme ich die Welt in mich auf.
Ausatmend gebe ich mich der Welt.
Leergeworden erfahre ich die Fülle.
Formlos, bin ich Form.

                                      Lama Anagarika Govinda
                                      (aus: »Mandala«)

2 Erfahren

Um den inneren Weg klar zu verstehen, brauchen wir Inspiration, Intuition und Vorstellungsvermögen.
Darauf will ich nun mit Ihnen tiefer eingehen. Und dies auch in Zusammenhang mit der Meditationsform, die wir am Ende dieses Kapitels kennenlernen werden: das Zusammenfallen des magnetischen Rings zwischen dem siebten Nackenwirbel und den Zentren in den Händen mit der Strahlung, die von Becken, Beinen und Füßen ausgeht.
Wir beginnen mit der Inspiration.
Inspirare bedeutet einatmen. Für viele ist das Einatmen fast noch wichtiger als das Ausatmen, das uns loszulassen lehrt. Das Ausatmen, das Loslassen, kann eine Erleichterung sein, eine Befreiung. Von dort aus wird der Einatem wie ein Geschenk erlebt.

Beim Einatmen lernen wir die Welt um uns herum, die Menschen, unter denen wir leben, zu akzeptieren. Auch das Negative, das von ihnen zu uns kommt, in uns eindringt und bei uns negative Gefühle weckt.
Für jeden von uns ist es eine große Aufgabe, darauf mit Weisheit und Verständnis zu reagieren. Dies ist nur von unserer Quelle, vom Chi aus, möglich. Von dort aus kennen wir uns selbst mit unseren dunklen Gedanken und Eigenschaften.
Mit dem Einatem öffnen wir uns weit und empfangen die Erdkräfte durch die geöffneten Fußsohlen über die Beine bis hin zu unserer Quelle.
Indem wir ihm innerlich folgen, wird der Einatem, die Inspiration, eine wichtige Kraft in der Meditation.
So von der Tiefe aus inspiriert zu werden, erfordert Vorbereitung:
Entspannt, ruhig, innerlich still geworden, sitzen. Wir befinden uns dann in Harmonie und können dem Atem mühelos folgen.

Wir nehmen wahr, wie sich Ein- und Ausatem in der Tiefe kreuzen. Dieser Kreuzpunkt ist unsere Kraftquelle. Das erfahren wir ganz deutlich. Wir werden so in rechter Weise eingestimmt und empfindlich für das, was durch uns hin geschieht.

Am Anfang benutzen wir ein Gebet, Sätze aus der Bibel, ein schönes Gedicht, Räucherstäbchen, eine brennende Kerze oder schöne Blumen, denn was uns lieb ist, erregt spontan unsere Aufmerksamkeit, schwingt nach in unserem Inneren.

Andere wiederum denken an ein Problem, bis es sich auflöst. Die Gefahr dabei ist, daß wir im intellektuellen Denken gefangen bleiben, daß keine direkte Erfahrung stattfindet, durch die sich das Problem löst. Eine positive Charakteränderung bleibt bei dieser Form von Konzentration noch weit entfernt.

Dennoch ist das Denken in der Meditation ebenso wichtig wie die anderen Faktoren, die dabei notwendig sind. Aber es muß ein Denken sein, das mit dem Fühlen von der Tiefe unserer Quelle her verbunden ist. Ein Denken und Nachdenken, Nachsinnen und Folgen, das unserem Denken Richtung und Zusammenhang verleiht und einen zentralen Punkt findet, auf den es sich richtet.

Dieser zentrale Punkt ist dort, wo Ein- und Ausatem einander kreuzen, der Chi-Punkt. Dadurch entstehen Ordnung und Raum in uns. Auch Ordnung und Raum in unserem Kopf, in unserem denkenden Ich.

Das fühlt sich kühl und klar an.

Angst, Ärger, Haß, Zweifel, Mißtrauen, Eifersucht, dies alles verschwindet im Weitwerden mit dem Einatem und im Loslassen mit dem Ausatem. Und an ihre Stelle treten Wärme, Ruhe, Dankbarkeit, Glück, Heiterkeit und Weisheit.

Wir lernen, den Unterschied zwischen intuitivem Denken und zielloser Tagträumerei, Phantasien und verschwommenem Denken zu sehen.

Unser kreatives Vorstellungsvermögen wird real, von innen her gerichtet. Zielbewußt, mit den Möglichkeiten und Gaben unserer Persönlichkeit. So werden wir transformiert.

Wach im *Jetzt*, erleben wir die Wirklichkeit auf eine neue Weise, wobei alles davon abhängt, wie sehr wir von unseren Gaben Gebrauch machen.
Mit unserem ganzen Wesen daran beteiligt sein. Nicht durch objektives Wahrnehmen, nicht wesentliches Erfahren des Lebens, sondern durch Geben und Nehmen, einen Austausch, ein Teilnehmen an allem, mit dem wir in Berührung kommen.
Es handelt sich hier weder um eine Form von Besitzen oder Besessenwerden oder um Klammern an bestimmte Erfahrungen oder Gegenstände noch um Gleichgültigsein, sondern um einen Mittelweg, der durch Einfühlen, Schauen und Horchen zu *Wissen* wird. Wir lernen unseren Verstand *ganz* zu gebrauchen.
Ein solches Denken und Nachsinnen führt zu einem intuitiven Bewußtseinszustand. Denken und Argumentieren, Diskutieren hören auf. Wir gelangen zu tieferer Einsicht oder zu direktem Erfahren, zum Beispiel der Unendlichkeit des Raumes um uns, so wie in der Meditationsform, die als nächste folgt. Da überschreitet unser Bewußtsein Grenzen, und wir erfahren seine Unendlichkeit.
So lernen wir, Innen und Außen zu verbinden, und Meditation ist dann nicht mehr nur etwas für eine bestimmte Stunde, sondern sie wird zu einem Leben aus der Verbindung von Innen und Außen heraus!
Diese Erfahrung des Grenzenlosen und der Freiheit führt zur Verwirklichung des Zu-*Nichts*-Werdens.
Dieses Nichts ist schwer zu verstehen. Es sei denn, man hat erfahren, daß

> *Nichts* – *Alles* ist und
> *Alles* – *Nichts*.

Dies erfahren zu dürfen, ist eine Gnade, und es ist nicht jederzeit möglich.

Unser Atmen, Leben und Handeln vom Chi aus, durch das unsere Sinne verschärft werden, bringt uns dieser Erfahrung immer näher. Eine so kostbare Erfahrung, Schritt für Schritt zu erobern, daß wir auch einmal akzeptieren müssen, wenn wir gezwungen sind, einen Schritt zurückzugehen. Oder wenn wir das Gefühl haben, eine Zeitlang stillzustehen.

Das Summen von »mu« (nichts) läßt uns dies noch deutlicher in uns wahrnehmen.

Wir sind dann an die äußerste Grenze unseres Wahrnehmungsvermögens gelangt, weil der Unterschied zwischen dem, der wahrnimmt, und dem wahrgenommenen Objekt wegfällt. Subjekt und Objekt sind eins geworden.

Kurz zusammengefaßt gibt es fünf aufeinanderfolgende Erfahrungen:

1. Wir folgen einem Gedanken, Inspiration folgt, Glücksgefühle, wir sind auf *einen* Punkt gerichtet, den Chi-Punkt.
2. Der Gedanke löst sich auf.
3. Inspiration, Glück und der Chi-Punkt bleiben übrig.
4. Glück im Chi-Punkt, der Quelle.
5. Alles wird zu *einer* großen Erfahrung, deren Auswirkung sich nicht in Worten ausdrücken läßt.

Ein wortloses, intuitives Erfahren. Alles ist Licht, Wärme, Harmonie, Kraft. Eher ein visionäres Erfahren als ein geistiges Denken. Dabei muß uns unser Vorstellungsvermögen helfen.

Die verschärften Sinne und die geöffneten Poren der Haut lassen uns weitere Dimensionen wahrnehmen.

Dieses innere Erleben des Einsseins mit allem, was ist, tragen wir den ganzen Tag über in uns. Wir halten uns im Gleichgewicht und fallen nicht mehr um, wenn wir einen tiefen Schock erleben. Wie ein Stehaufmännchen kehren wir zu unserer Quelle zurück. Wir stehen die Prüfungen des Lebens immer besser durch, wenn wir nur beharrlich üben und auch im Alltag versuchen, vom Chi aus zu atmen.

Wenn wir das »Einssein mit allem, was ist«, Samadhi, erfahren dürfen, ist Gleichgewicht im Alltag das Resultat, und das macht uns zu freien Menschen.

So transformieren wir unser alltägliches Leben durch die Erkenntnisse und Erfahrungen, die wir uns Schritt für Schritt erobern.

Meditation

Wir setzen uns zur Meditation hin.
Wir legen unsere linke Hand in unsere rechte Hand, wir sind dann sofort in der Tiefe unseres Beckens.
Die Spitzen unserer Daumen legen wir entspannt gegeneinander, so zieht der Ärger aus uns weg. Ärger ist immer in uns. Wenn wir uns nicht über jemand anderen ärgern, ärgern wir uns über uns selbst, weil wir nicht mit dem Ideal-Ich übereinstimmen, das wir uns zum Ziel gesetzt haben.
Wir suchen die vier Punkte im heiligen Dreieck auf und sitzen felsenfest, wie ein geübter Reiter zu Pferd. Alles ist offen und durchströmt uns. Offen zwischen Erde und Himmel von unserer Quelle aus. Von dort aus sitzen wir vollkommen aufrecht, losgelöst, entspannt. Innerlich haben wir unsere Schultern vom Chi aus losgelassen, so daß sich auch unsere Nieren entspannen und voller Kraft mit unserem Becken verbunden sind.
Wir regulieren unser Ein- und Ausatmen vom Chi-Punkt aus und durch ihn, bis der Atem stiller und stiller wird und wie von selbst durch uns hin geschieht:
»Es« atmet durch mich.
Gott atmet durch mich.
Wenn wir spüren, daß der Ärger verschwunden ist und wir uns rein und leer fühlen, strecken wir die Daumen wie einen kleinen Turm in die Höhe. Die Daumenspitzen bleiben gegeneinandergelegt. So öffnet sich unser inneres Auge, und die letzten Reste des denkenden Ichs fließen durch Stirn und Hinterkopf ab.
Wieder atmen wir, still geworden, weiter, unsere Aufmerksamkeit bei unserer Quelle.
Nach einer Weile nehmen wir, wach im Jetzt, deutlich eine Strahlung zwischen unserem ersten Brustwirbel und dem Zentrum unserer Hände wahr, während wir ausatmen. Die Strahlung geht durch die Schultern, Arme, Handgelenke und Hände zur Mitte unserer Hände hin.
Beim Einatmen strahlt es von den Zentren der Hände zurück zum ersten Brustwirbel. (Ein grober, dicker Wirbel, den ich den

»Kleiderhaken« nenne, weil die meisten Leute dort ihre Last tragen, statt in der Tiefe ihres Beckens, wo immer Kraft zum Tragen und Aushalten vorhanden ist.) Dieser Brustwirbel ist ein Yang-Kanal und trägt viel Kraft und Strahlung in sich.
In der Strahlung dieses Ringes von schwachem Licht und von Kraft fühlen wir, wie die Nackenwirbel ebenfalls anfangen zu strahlen und sich mit den Zentren in unseren Händen verbinden.
Dann folgen auch der Hinterkopf und der Scheitelpunkt. Schließlich strahlt es weit über den Scheitelpunkt aus.
Vom ersten Brustwirbel aus öffnet es sich auch nach unten. Entlang der Wirbelsäule öffnen sich alle Brustwirbel, und auch sie verbinden sich mit den Zentren unserer Hände.
Durch das Atmen von unserem Chi-Punkt aus ist unsere Haut geöffnet, alle Poren sind an diesem Ein- und Ausatmen beteiligt.
Immer mehr reinigen wir uns von Spannungen und Müdigkeit.
So entsteht ein leuchtender Kreis mit einer großen Ausstrahlung durch uns und um uns herum, dessen Mittelpunkt die gefalteten Hände sind. Durch das Einstrahlen dieser gefalteten Hände in unsere Bauchhöhle werden Licht und Kraft der dort befindlichen Zentren verstärkt. Der Solarplexus, der Nabel, der Harapunkt (drei Finger breit unter dem Nabel), der Chi-Punkt (drei Finger breit über dem Schambein) und das heilige Dreieck.
So fließen zwei geschlossene Kreisläufe von vitaler und psychischer Energie ineinander:
- der obere Kreislauf, gebildet von Kopf, Nacken, Schulterpartie, Brust, Armen und Händen, und
- der untere Kreislauf, gebildet von Händen, Becken, Beinen und Füßen.

Es ähnelt einer großen 8, die auf einen beständigen und unendlichen Strom weist, dessen Kreuzpunkt die Hände bilden.
Die Kräfte strahlen in immer weiter werdenden Kreisen und Spiralen, sowohl nach oben wie auch nach unten, bis in die Haut des Beckenbodens hinein. Der Akzent liegt auf dem Nabel und dem Chi.

Die Haut scheint aufgelöst zu sein. Wir fühlen uns als Teil des kosmischen Raumes.

Nicht von unserem Kopf her, sondern von unserer Quelle aus erfahren wir das Räumliche immer wieder neu, wenn wir einatmen. Wenn wir ausatmen, strömt die himmlische Kraft und das Licht dort vertikal hindurch.

So erfahren wir Einssein mit allem, was ist, mit dem Kosmos, mit Gott.

3 Übergabe

Auch in diesem Kapitel gehen wir tiefer in die Stille in uns hinein, mit vertieftem Bewußtsein, vertieftem Einfühlen und Empfindlichsein.

Unser Denken bildet dabei eine Barriere und stört unser Verbundensein mit dem Universum. Wir müssen deshalb darauf achten, daß wir im Ausatem wirklich uns selbst loslassen und in diesem Strom bis tief in unser Becken mitgehen, durch unsere Beine, Fußsohlen und Zehen.

Wenn wir unser denkendes Ich nicht aus unserer Stirn und unserem Hinterkopf loslassen, bleiben wir in uns selbst verschlossen.

Unsere Haut ist dann gegenüber den kosmischen Kräften um uns abgegrenzt.

Ist unser Denken in der Tiefe unseres Beckens mit unserem Fühlen vereinigt, gibt es keine Mauern mehr. Wir sind dann wach im Hier und Jetzt, eins mit dem Universum.

Bevor wir dies erfahren dürfen, müssen wir jedoch zunächst das eine oder andere durchmachen. Wir alle haben eine Vergangenheit, die uns bedrücken und traurig machen kann. Wir tragen sie als Last auf unserem Nacken und unseren Schultern mit uns umher. Diese Last ist unser Problem, doch wir brauchen sie nicht mitzuschleppen. Im Ausatem bringen wir die Last in die Tiefe unseres Beckens. Dort ist immer genug Kraft vorhanden, um das, was auf uns zukommt, auszuhalten und daran zu arbeiten.

Von dieser Last auf unserem Nacken aus projizieren wir unsere Zukunft: wir bestimmen also unsere Zukunft selbst. Und wir versäumen dann den gegenwärtigen Augenblick: *Jetzt*.

Ist unser Leben im Jetzt, in diesem Augenblick, für uns nicht akzeptabel, dann flüchten wir entweder in das, was war, oder in das, was kommen wird.

Wir müssen uns klar vor Augen halten, daß Vergangenheit und

Zukunft nicht Teil der Zeit sind, sondern Teil unseres Geistes: wir selbst zerteilen unsere Zeit in drei Teile: in Vergangenheit, Gegenwart und Zukunft.
Die Vergangenheit werden wir im Jetzt immer anders erleben. Mit unserer jetzigen Erfahrung hätten wir damals anders gehandelt. Ein solches Zurückschauen macht uns oft traurig und kostet Energie. Die Zukunft ist immer anders, als wir sie uns jetzt vorstellen. Nur das Heute, Jetzt, ist die Zeit.
Die Vergangenheit existiert in unserer Erinnerung und ist emotional gefärbt. Einen großen Teil von ihr haben wir aus Angst und Schuldgefühlen verdrängt.
Die Zukunft ist ein Teil unseres Vorstellungsvermögens. Wir stellen uns unser Leben vor, wie wir es gerne hätten. Wir projizieren vollständige Pläne und gute Vorsätze. Oft leben wir auch in Spannung oder sogar in Angst vor dem, was kommen wird. Das Ich ist dann interessiert an »so sollte es sein« oder, verärgert: »so hätte es sein sollen«.
Das Ich ist nicht interessiert an »so ist es jetzt«. Wir akzeptieren unser Leben meist nicht im Hier und Jetzt. Wir akzeptieren auch uns selbst nicht. – Dies ist das Allerwichtigste. Daran müssen wir zuerst arbeiten.
Sobald wir uns selbst akzeptieren, beginnt unser inneres Wachstum: Wir gehen den inneren Weg. Dann findet Transformation statt. Wir verbinden uns mit dem Kosmischen, dem Ewigen. Eine neue Dimension öffnet sich uns.
Die Verbindung mit dem großen Ich in unserem Becken, unserem Lichtkern, wird zu einer dauerhaften Verbindung, dadurch verändern wir uns.
Innen und Außen werden eins.
Wir klingen in der kosmischen Vibration mit.
Wir vibrieren und leuchten mit.
Wir atmen im großen Atem, in Gottes Atem mit.

Dies verlangt von uns Übergabe: daß wir uns dem Unendlichen, dem Kosmischen, dem Göttlichen oder wie wir es auch nennen mögen, übergeben.

Dann sind Yin und Yang, das Weibliche und Männliche, in uns gleich, und wir erfahren Tao. Tao bedeutet, daß wir nicht nur eins in Körper, Seele und Geist sind, sondern auch eins mit allem, was ist.

Wir werden uns dann dessen bewußt, daß wir ein Leben lang nach eigenen, künstlichen Gesetzen lebten, die uns auferlegt wurden: zu Hause, in der Familie, in der Schule, in der Gesellschaft. Natürlich müssen für unser Zusammenleben Regeln und Gesetze gelten, aber sie dürfen uns nicht beherrschen, wir müssen innerlich Abstand von ihnen nehmen können.

Wie finden wir diese kosmische Harmonie? Wie werden wir Teil von ihr?

Indem wir uns vom Chi aus, vom »kosmischen Auge« aus, entspannen, durch die Haut hindurch loslassen und dem innerlich folgen.

So gewinnen wir Raum, Abstand. Indem wir loslassen, entsteht in uns Raum. Wir nehmen dabei deutlich wahr, was an Dunkelheit zurückgeblieben ist und nicht so leicht aufgelöst werden kann.

Durch die Spiegelung unserer Seele und unseres Geistes in unserem Körper werden wir unseres Dunkels deutlich gewahr, in Gefühlen von Spannung und Schmerz, Depression, Unruhe und Angst.

Auch Angst vor dem Tod. Wir wollen ja so gern leben! Herrlich unbesorgt leben, und statt dessen werden wir mit dem Tode konfrontiert.

Dann bekommen wir auch Angst vor der Meditation. Wir können nicht loslassen, nicht ausatmen. So entstehen Blockaden, die wir ohne Hilfe nicht durchdringen können.

Angst vor dem Tod entsteht, wenn wir uns nicht zu übergeben wagen und uns nicht übergeben können.

An Gott übergeben!

Wenn wir uns Ihm übergeben, können wir meditieren, denn unser Ego hat sich Ihm übergeben.

Dies ist auch eine Art von Sterben, wobei wir oft durch eine Hölle, durch Tiefen hindurchgehen.

Für jeden ist das anders. Jeder geht seinen persönlichen, einzigartigen Kreuzweg, um wiedergeboren werden zu können.
In diesem Wiedergeboren-Werden erfahren wir aber alle dasselbe. Im Kern unseres Selbst erfahren wir Frieden, Stille, Raum, Wärme, Licht, ein Aufgenommensein, ein Teilhaben am Kosmischen. Wir sind wir selbst. Wir akzeptieren uns selbst. Wir haben uns übergeben und kämpfen nicht mehr. Alle Grenzen und Barrieren sind aufgehoben. Wir brauchen uns nicht mehr zu schützen, weil wir unser Vertrauen zurückgewonnen haben. In uns selbst und in andere. In Gott.
Alle Möglichkeiten liegen offen vor uns.
Alle uns mitgegebenen Gaben entfalten sich.
Wir fühlen uns wie eine Welle des großen kosmischen Ozeans.

Übung

Wir stellen uns hin, die Fersen ungefähr 20 cm auseinander.
Schultern, Arme und Hände lassen wir innerlich, von unserem Becken aus, los.
Unser Kinn ziehen wir so ein, daß unser Scheitelpunkt zum Himmel weist.
Wir richten unsere Augen auf einen festen Punkt vor uns.
Wir atmen aus – bis tief durch unser Becken hindurch. Wir fühlen, daß dort unser Schwerpunkt liegt, im Chi, im »kosmischen Auge«. Darin geben wir uns selbst an die Welt.
Beim Einatmen vom Chi aus nehmen wir die Welt in uns auf.
Dies im Ein- und Ausatmen bewußt in uns aufzunehmen und nachzufühlen versuchen.
Wir versuchen, mit dem Ausatem vom Becken aus durchzuatmen, durch die Beine und Füße hin, durch die Fußsohlen hinaus.
Immer stiller und meditativer atmen und innerlich mitgehen.
Wir versuchen, uns bewußtzumachen, was durch uns geschieht, was sich öffnet, sich verändert.

Wir nehmen wahr, daß wir, indem wir uns innerlich loslassen, einen leeren Hinterkopf bekommen, frei von Spannung, einen warmen Nacken, unsere Schulterpartie ist locker, zwischen der Haut und den Brustwirbeln am ganzen Rücken entlang ist Raum, durch unsere Lenden, am Kreuzbein und Steißbein entlang bis in die Tiefe unseres Beckens.
Es strahlt weiter zwischen der Haut und den Rückseiten unserer Beine und Fersen.
Zwischen der Haut und unseren Fußsohlen bis zu den Zehenspitzen hin.
Wir werden uns der Stelle, auf der wir stehen, immer bewußter, der Verbindung unserer Füße mit dieser Stelle.
Wir stehen nun auf festem Boden.
Wir versuchen jetzt einmal, uns vorzustellen, daß wir in einem Bus oder in einer Straßenbahn fahren. Wir hängen an einem Haltegriff und stellen uns vor, wie unser Körpergewicht durch unsere Wirbel und Beine mit der Bewegung des Fahrzeugs mitschwingt, indem wir entweder beide Knie oder das linke Knie beugen.
So stellen wir die richtige Beziehung zwischen Körper und Fahrzeug her, ohne müde zu werden.
Jetzt gehen wir etwas in die Knie und suchen in uns selbst die Verbindung zwischen dem Chi-Punkt und unseren Knien.
Noch immer schauen wir auf einen festen Punkt vor uns auf dem Boden.
Unsere Beine gleichen in unserer Vorstellung Sprungfedern, wie wir sie von Kanapees und alten Lehnsesseln her kennen. Unsere Füße gleichen Schwämmen mit großen Löchern.
Nun drehen wir uns mit diesen etwas gebeugten Knien fünfmal links herum und beschreiben einen möglichst großen Kreis.
Unser ganzer Körper ist daran beteiligt, auch unser Kopf, unsere Arme und Hände.
Meditativ!
In der Bewegung sein.
Dann stehen wir still.
Die Chi-Knieverbindung bleibt bestehen.

Wie fühlen wir uns jetzt?
Was hat sich verändert? Wo hat sich etwas verändert?
Jetzt drehen wir uns fünfmal rechts herum.
Wir machen uns dabei bewußt, welche Richtung uns leichter fällt.
Welches Hüftgelenk dreht sich am besten mit?
Dann stehen wir wieder still und tasten in uns ab.
Spüren wir, wie die Poren unserer Haut geöffnet sind und nach außen hin ausstrahlen?
Viel Spannung hat sich gelöst.
Jetzt schieben wir unser Becken etwas nach vorne und drücken es dann nach unten.
Wir spüren, wie sich unsere Gesäßbacken wie ein gebündeltes Ganzes anfühlen und trotzdem entspannt sind.
Von den entspannten Schultern hängen unsere Arme schwer an unserem Körper herab, bleischwer die Hände.
Alle Spannung, die sich jetzt noch zwischen den Schulterblättern löst, lassen wir ruhig über Arme und Hände abfließen.
Immer entspannter stehen wir in der rechten Weise.
So könnten wir stundenlang stehen bleiben, sogar in einem fahrenden Bus, in einer Straßenbahn oder in einem Zug.
Wir spüren unseren leeren, klaren Kopf.
Der Schwerpunkt liegt deutlich in unserem Becken und in unseren Füßen.

4 Selbsterkenntnis

Wir reisen weiter miteinander durch unseren Körper.
Wir lernen jetzt, mehr und mehr loszulassen, sowohl zur Erde hin, durch die offenen Fußsohlen und Zehenspitzen, durch die Zwischenräume der Zehen, als auch durch die offenen Poren unserer Haut.
Dies reinigt uns und schafft mehr Raum für Licht und neue Kraft.
Wir versuchen, die nach innen gerichtete Aufmerksamkeit nicht nur auf die Übungs- und Meditationszeit zu beschränken, sondern auch in unserem täglichen Leben vom Chi aus zu atmen und zu sein.
Wenn wir wirklich wünschen, uns tief in uns zu verändern, dann erfordert das viel Energie, denn alles, was in der Tiefe verborgen liegt, muß nach außen gebracht und in Worte gefaßt werden. So lernen wir, unsere Probleme zu durchschauen und zu überblicken. Dazu benötigen wir die Hilfe unseres inneren Auges.
Das innere Auge liegt etwas über der Nasenwurzel zwischen den Augenbrauen. Es sieht in uns hinein und von innen heraus nach außen. Wir müssen lernen, es ebenso selbstverständlich zu benutzen wie unser linkes und rechtes Auge. Wir können statt inneres Auge auch innerer Sinn sagen, aber vom Yoga her kennen viele schon den Ausdruck »inneres Auge«. Wir nehmen mit ihm direkt wahr, was in unserem Körper geschieht.
Sobald wir verstanden haben, wie dieser innere Sinn wirkt, beginnen wir, unsere Emotionen und Gefühle wahrzunehmen, den Unterschied zwischen gespannten, nervösen Gefühlen und entspannten, friedvollen Gefühlen. Es ist nicht so wichtig, was wir fühlen, sondern vielmehr, daß wir in der Lage sind, objektiv wahrzunehmen, wie wir uns fühlen.
Wir alle müssen lernen, das, was auf uns zukommt, objektiv, ungetrübt von Emotionen wahrzunehmen: unseren Egoismus, das kleine Ich, wo unsere größte Schwierigkeit liegt, unsere negative Einstellung durch Mangel an Vertrauen.

Wir alle versuchen gern, sobald uns etwas nicht gefällt, es zu umgehen, weil wir uns nicht wohlfühlen, wenn wir uns selbst sehen, wie wir in Wirklichkeit sind. Wir schauen nicht mehr nach innen oder wir ändern, was wir sehen schnell ab.
Diese Neigung ist die hauptsächliche Ursache dafür, daß wir unser inneres Sehen, unser Schauen nicht weiterentwickelt haben.
Wenn wir es ertragen können, uns selbst objektiv wahrzunehmen, und dies durchhalten, dann beginnt sich in uns bewußte Energie zu entwickeln, und sie hilft uns, weiterzumachen und uns im inneren Wahrnehmen zu üben.
Dann erst merken wir, wie wenig gerichtet unser denkendes Ich war und wie wenig wir es selbst beherrschten.

Wenn wir uns selbst kennenlernen, erkennen wir, auch mit Hilfe der Erinnerung, immer schneller, wie unser Geist arbeitet. Wenn wir unsere Tiefen noch nicht oder noch nicht genügend kennen, trifft uns eines Tages ein großer Schock, und zwar dann, wenn wir merken, daß wir uns eigentlich wenig oder gar nicht verändert haben.
Das Merkwürdige dabei ist, daß ein solcher Schock meist dann eintritt, wenn wir denken, daß wir es doch gar nicht so schlecht machen! Wir beherrschen uns besser, geraten weniger schnell aus dem Gleichgewicht, wir sind freundlicher gestimmt, offener. Und plötzlich sehen wir, daß das nur die Oberfläche ist! Tief innen haben wir uns nicht verändert. Dieselbe tief verborgene Angst ist noch da, dieselbe Neigung, besitzen zu wollen, dieselbe tiefe Bosheit, usw.
Woher wissen wir, ob wir jemanden aufrichtig in seinem So-Sein akzeptieren, oder ob wir ihn auf Armlänge von uns fernhalten und ihm gegenüber eine reservierte Haltung annehmen? Können wir, ohne uns selbst zum Narren zu halten oder etwas vorzumachen, behaupten: »Ich liebe ihn oder sie, komme was wolle!«?
Wir müßten uns wohl selbst überprüfen, unsere Ehrlichkeit untersuchen. Wünschen wir nicht manchmal jemandem etwas Schlechtes, sogar den Tod?

Und dennoch, tief in uns verwurzelt, tiefer als all das Negative, liegt das große Selbst, das Wesentliche in uns, das durch einen glänzenden silbernen Faden entlang der Wirbelsäule nach oben hin mit Gott verbunden ist.
Von dort her können wir offen sein, Menschen lieben, wirklich helfen, wo es notwendig ist, oder die Hilfe anderer akzeptieren.

Indem wir an uns selbst arbeiten, lernen wir mit spirituellen Kräften und Strahlungen des Kosmos mitzuklingen und in sie einzustimmen.
Wenn wir uns in Harmonie befinden, gehen Segen und Kraft von uns aus, und danach besteht in der Welt ein tiefes Bedürfnis. Dies beinhaltet, daß wir, wach im Jetzt, unser »kleines Ich« mit seinen Wünschen kennen: Selbsterkenntnis.
So lernen wir bewußt und allmählich, das Destruktive, das Negative, das Egoistische in uns zu verändern. Die Notwendigkeit dieser Veränderung zur Transformation hin erkennen wir klar.
Wenn wir das Dunkle in uns von unserem kosmischen Auge her in Lichtkräfte verwandeln, wird dies zu einem sakralen Geschehen.
Durch das innere Auge und das innere Ohr wird unser Wahrnehmen sehr empfindlich. Wir sprechen dann nicht für uns selbst, sondern sind nur Werkzeug, Übersetzer, Instrument – eine Erfahrung, die uns vor Selbstzufriedenheit schützt. Wir werden uns unserer Verantwortung bewußt. Unser Üben und die Meditation werden zum Bedürfnis und zur Erfüllung.
Wärme, Weisheit und Verständnis öffnen das mystische Herz und wirken wie Sauerteig in unserer Beziehung zu anderen. So wird unser Spiegel reiner.

Übung

Wir setzen uns auf einen Stuhl oder auf ein Bänkchen mit harter Sitzfläche, unsere Knie niedriger als die Hüftgelenke, unsere Füße in Hüftbreite voneinander entfernt vor uns auf dem Boden.
Unsere Hände liegen auf den Oberschenkeln, so daß die Mittelfingerkuppen in den Grübchen direkt oberhalb der Kniegelenke ruhen.
Wir suchen die vier Punkte im heiligen Dreieck auf und sitzen wie ein Reiter zu Pferde.
Der Akzent liegt in unserem Becken, im Chi.
Wir regulieren unseren Ein- und Ausatem.
Unsere Haut ist offen und atmet mit.
Unsere Aufmerksamkeit ist ganz nach innen gerichtet.
Unser inneres Auge ist mit dem kosmischen Auge verbunden, im Chi.
Wir gehen nun in unsere linke Hand hinein und vergessen den Rest unseres Körpers.
Wir sind in unserer linken Hand, als ob wir nur noch linke Hand wären:
Wir kriechen in unseren linken Handrücken hinein.
Wir kriechen in unsere linke Handfläche hinein.
In die Finger und den Daumen unserer linken Hand.
Zwischen unsere Finger und den Daumen.
Wir spüren, wie unsere linke Hand immer schwerer wird.
Wir nehmen wahr, was sich darin verändert und was sich durch uns hin mit verändert.
Jetzt gehen wir in die rechte Hand hinein.
Wir vergessen den Rest unseres Körpers, wir sind nur noch unsere rechte Hand.
Wir sind in unserem rechten Handrücken und tasten innerlich ab, was sich verändert.
Wir sind in unserer rechten Handfläche und spüren, was sich verändert.
In den Fingern und im Daumen unserer rechten Hand.
Unsere rechte Hand wird immer schwerer.

Wir nehmen wahr, was in unserer rechten Hand geschieht und was sich durch uns hin mitverändert.
Wir sind in unserer linken Gesäßbacke und legen unser ganzes Bewußtsein in sie hinein.
Wir sind in unserer linken Gesäßbacke, gleichzeitig von unserer linken und rechten Hand aus.
Erfahren Sie die Einheit und wie beide Hände einander verstärken?
Wir befinden uns jetzt in unserer rechten Gesäßbacke und legen unser ganzes Bewußtsein in sie hinein.
Wir fühlen, wie unsere rechte Gesäßbacke schwer wird.
Wir gehen von unseren beiden schweren Händen aus in unsere rechte Gesäßbacke hinein und nehmen nun auch unsere linke Gesäßbacke hinzu.
Erfahren Sie, wie die beiden Hände mit der linken und rechten Gesäßbacke eine Einheit bilden?
Erfahren Sie, wie anders Sie jetzt sitzen? Sie haben in Ihre Sitzfläche von Stuhl oder Bänkchen hinein losgelassen. Nehmen Sie wahr, wie Ihr Nacken und Ihre Halspartie, Ihre Schultern mit losgelassen haben, wieviel Spannung abgeflossen ist.
Wir verlagern nun unser Gewicht von der einen Gesäßbacke auf die andere und zurück.
Nehmen Sie jetzt Ihre Sitzknochen wahr.
Was empfinden Sie? Sind sie ganz warm und strahlen sie rundherum aus?
Spüren Sie Ihr Gesäß.
Sind beide Hälften gleich und Teil der Sitzfläche? Wir nehmen mit unserem inneren Auge beide Hälften wahr, bis sie gleich sind.

Wir stellen uns vor, wir besäßen keinen Kopf.
Wir nehmen wahr, wie sich unser Herz verändert.
Wie sich der gesamte Brustkasten verändert.
Es ist, als ob wir kurz und rund würden und die Sonne in uns zu scheinen anfinge.

Der Schwerpunkt liegt tief in unserem Becken und in beiden Füßen.
Wir bewegen uns nun, von unseren Sitzknochen aus, in einem kreisförmigen Rhythmus: von links nach rechts kreisend, ganz ruhig, meditativ.
Wir spüren, was da in uns geschieht. Wir nehmen mit unserem inneren Auge wahr.
Jetzt kreisen wir von rechts nach links.
Spüren Sie die Veränderung?
Wir tasten ruhig in uns selbst ab und fühlen nach und sitzen einen Augenblick lang still da.

Wir stellen uns vor, daß wir irgendwo in unseren Körper hineinstechen, und begeben uns sehr vorsichtig in diese kleine Öffnung hinein, als würden wir eine Grotte betreten.
Zum Beispiel: An der Außenseite unserer kleinen Zehe befindet sich neben dem Nagelbett ein kleines Grübchen. Wir gehen breit, geräumig und tief in dieses Grübchen hinein.
Was empfinden wir jetzt?
Was geschieht durch uns hindurch?
Fühlen wir uns jetzt leichter und gereinigt?
Das war der Angstpunkt.
Wir suchen jetzt einmal selbst einen Spannungspunkt in unserem Körper auf, wo wir Verkrampfung oder Angst, Sorge oder Verdruß spüren.
Wir gehen dort ruhig und aufmerksam nach innen.
Wir stellen es uns dort weit, geräumig und tief vor.
Auf diese Weise erlangen wir innere Reinheit.
Wir lassen unser inneres Auge daran teilnehmen.

Wir sitzen schwer.
Wir ruhen in unserer Tiefe.
Wir kreisen noch einmal, zuerst größer werdend und dann kleiner werdend.
Der Kreis wird langsam kleiner.
Nun spüren wir tief innen eine subtile Bewegung.

In unserer Tiefe dreht sich etwas mit und dreht weiter.
Wir nehmen mit unserem inneren Auge wahr.
Jetzt drehen wir uns anders herum.
Wir sind mit unserer ganzen Aufmerksamkeit dabei und nehmen wahr.
Die Veränderung spüren.
Es kann sein, daß wir mit der einen Seite öfter kreisen müssen als mit der anderen. Eine Seite kann gespannter und ermüdeter sein als die andere.
Ruhig wahrnehmen, bis beide Seiten gleich sind.
Beim Rundkreisen können wir A – u – m summen. Das hilft mit, uns zur Erde und zum Himmel hin zu öffnen und die geöffnete Haut ganz real zu erfahren.
Wenn wir diese Übung drei Wochen lang, wenn möglich ein paar Mal am Tag ausführen, merken wir, daß wir andere Hände bekommen, ein anderes Becken, einen anderen Körper.

Wenn Sie irgendwo Schmerzen oder ein drückendes Gefühl haben, dann vergessen Sie Ihren ganzen Körper und konzentrieren Sie sich auf die Schmerzen oder auf das Druckgefühl. Der Punkt schrumpft dann zur Größe eines Nadelstichs zusammen, und auch dieser löst sich schließlich auf.

5 Energie

Betrachten wir zuerst einmal, welche Voraussetzungen erfüllt sein müssen, bevor wir uns gemeinsam auf den Weg machen können.
1. Wir gehen auf die Suche nach einer Quelle außerhalb von uns.
2. Wir prüfen unser innerstes Selbst.
3. Wir versuchen, anderen zu helfen und fühlen uns mitverantwortlich für die Natur, die Erde, die wir bewohnen.
4. Wir gestehen uns selbst zu, Hilfe anzunehmen: empfänglich, vertrauensvoll, in Übergabe.
5. Unsere innere Verbindung mit Gott: die Gnade.
6. Das Zusammenspiel zwischen uns als Horchendem oder als Instrument und einer geistigen Präsenz oder Kraft.

Um weiter und bewußter auf unserem inneren Weg gehen zu können, brauchen wir unser Vorstellungsvermögen, damit wir die in uns vorhandenen Energien transformieren können. – Müssen wir uns damit nun auch noch befassen?
Alles, sowohl was in uns wie auch was in der ganzen Welt geschieht, geschieht durch Transformation von Energie. Darum müssen wir mehr über Energien wissen und lernen, mit ihnen umzugehen. Größtenteils haben wir keine Ahnung davon, aber es gibt Prozesse, die nur möglich sind, wenn wir verstehen, was Energie ist und wie ihre Transformation vor sich geht. Jede Arbeit, die verrichtet wird, hat ihre eigene Art von Energie, Energie bestimmten Charakters, bestimmter Qualität und bestimmter Intensität.
Die Energie, die wir für alltägliche, automatische Verrichtungen benötigen, ist eine andere als die, die wir zum Beispiel bei unseren sinnlichen Wahrnehmungen brauchen. Energie muß in ausreichender Menge vorhanden sein und die nötige Intensität

haben. Die erforderliche Qualität hängt von der jeweiligen Handlung ab. Ist es zum Beispiel eine automatische Handlung oder geht es um eine spezielle sinnliche Aktion, die über das gewöhnliche automatische Handeln hinausreicht? Letzteres erfordert mehr und eine andere Qualität von Energie.

Manche Menschen bemerken unbewußt, daß eine andere Art von Energie erforderlich ist, wissen aber nicht, wie sie sie mobilisieren können, und erreichen deshalb nicht das gewünschte Resultat.

Die Intensität hängt beispielsweise bei Elektrizität von der Spannung ab, die wir verwenden. Wenn wir abends gutes Licht zum Lesen haben und unsere Augen nicht verderben wollen, brauchen wir eine stärkere Birne.

Wenn wir bei einem Gewitter beobachten, mit welcher Geschwindigkeit und Kraft der Blitz den Widerstand zwischen den Wolken und der Erde durchbricht, dann verstehen wir, daß dazu mehrere Millionen Volt erforderlich sind.

Die Quantität hängt davon ab, wieviel Energie wir beispielsweise benötigen, um unser Haus zu heizen. Dazu ist eine andere Energiemenge erforderlich als zum Kochen von Teewasser. Wir bezahlen verbrauchtes Gas in Kubikmetern. Bei Elektrizität bezahlen wir die Kilowattstunden. Solche Energien nennen wir physikalische Energien.

Wenn wir viel Kopfarbeit verrichten, die unserem Denken einiges abverlangt, dann erfordert das eine Menge Energie einer bestimmten Qualität. Manchmal spüren wir deutlich: »Ich kann jetzt nicht weiter. Meine Energie ist aufgebraucht.« Wir können unsere Arbeit nicht ohne Unterbrechung zu Ende bringen. Wir müssen ausruhen oder einen kleinen Spaziergang machen. Auf jeden Fall etwas anderes tun. Auch die Energien unseres Denkens und Fühlens sind begrenzt. Sie haben ihre eigene Qualität, Quantität und Intensität.

Auch Schmerz können wir nur in einem gewissen Maße ertragen.

Wenn wir nur an eine Sache denken, erfordert das nicht so viel Energie. Müssen wir aber unsere Aufmerksamkeit auf verschie-

dene Dinge gleichzeitig richten, so erfordert das eine höhere Intensität der Energie. Von einem bestimmten Augenblick an bringen wir diese Intensität nicht mehr auf, und wir verlieren unsere Aufmerksamkeit. Unsere (elektrische) Spannung war nicht ausreichend, um mehr als einen Gedanken im selben Moment zu beherrschen.
Durch Übung ist es möglich, mehr Gedanken-Energie von höherer Intensität zu produzieren. Es bleibt die gleiche Energie, aber von höherer oder niedrigerer Qualität.
Wir haben positive und negative Energien.
Wir unterscheiden physikalische Energien, Lebensenergien und kosmische Energien, die sich ihrerseits jeweils wieder in vier Arten von Energie unterteilen.
Diese zwölf Energien mit ihren eigenständigen Qualitäten bringen Leben und Aktivität in alles Lebendige, auch in uns Menschen.
Je mehr wir uns unseres Körpers bewußt werden und der Quelle in uns, um so deutlicher erfahren wir die Energieströme, die durch uns hindurchfließen. Starke, verfeinerte Energien, die uns reinigen und heilen, aber auch die einfachen Energien, die zum Beispiel unsere Körpertemperatur aufrechterhalten.
Wir erfahren deutlich, wie Energie von einer bestimmten Qualität in Energie von anderer Qualität transformiert werden kann. Unsere verschärften Sinne helfen uns dabei. Ohne diese sinnliche Energie wären wir keine lebendigen und denkenden Menschen und uns nicht dessen bewußt, was das beinhaltet. Wir erinnern uns an unsere Vergangenheit und sehen die Zukunft vor uns.
Dennoch dürfen wir dieses sinnliche Empfindlichsein nicht mit Bewußtsein verwechseln. Wesentlich bewußt sind nur wenige unter uns.
Bewußt sind wir, wenn wir Kontakt haben und verbunden sind mit unserem eigenen Kern, mit unserer Quelle.
Bewußt-Sein entsteht bei starker, intensiver Konzentration. Sie nimmt zu, wenn man, zusammen mit dem Atmen von der Chi-Quelle, unserem kosmischen Auge aus, beharrlich intensive Einfühlübungen macht.

Natürlich ist dies nur eine sehr kurze Zusammenfassung des Themas Energie, mehr würde aber, meine ich, nicht in dieses Buch passen. Es geht hier um andere Werte; mehr brauchen wir nicht.

Der Sufismus lehrt, wie die Energie, die wir aus unserer Nahrung aufnehmen, bei der Transformation durch verschiedene Stadien hindurchgeht: vom Pflanzenreich bis hin zum Menschen, so wie es auch in der Evolution geschieht, in unserem Körper, Schritt für Schritt.
Unsere Nahrung wird erst dann zu geistiger Nahrung, wenn sie unser Blut erreicht, und auch dann erst, wenn sie sich mit der Luft, die wir einatmen, vermischt hat.
Davor ist unsere Nahrung nur dazu da, unseren Körper zu nähren.
Unsere Nahrung muß erst gereinigt werden, das Grobe und das Feine müssen voneinander geschieden werden. Das feine Material muß in unseren Blutkreislauf aufgenommen werden, denn nur so kann es sich mit den Energien und der in der eingeatmeten Luft vorhandenen Substanz vermischen.
Dann erst fängt unsere Nahrung an, geistig zu werden.
Nach einiger Zeit treten zwei Möglichkeiten in den Vordergrund: entweder benutzen wir diese Energie für alles, was uns an die Welt bindet, für Vergnügen, Sensationen, Genuß – erdgebunden. Oder wir entscheiden uns für den geistigen Weg, unseren inneren Weg, und nach und nach entwickeln wir uns, um daran teilhaben zu dürfen.
Der Ort dieser Entscheidung liegt im Kleinhirn, an der Basis unseres Schädels.
Bevor wir bewußt diesen Entschluß treffen, haben wir keine Wahl, und die Nahrungsverwertung bleibt ein fundamentaler Prozeß, der für unser körperliches, organisches und psychisches Leben, für die verschiedenen Erfahrungen, die auf uns warten, notwendig ist.
Wir können in uns ein bestimmtes Empfindlich-Sein entwickeln, das uns wissen läßt, wann der richtige Augenblick gekommen ist, mit dem Essen aufzuhören, und welche Art von Aktivität für uns

geeignet ist, nachdem wir gegessen haben, so daß die Energie, die aus unserer Nahrung kommt, auch an der richtigen Stelle gebraucht wird. Ob es wünschenswert ist, aktiv zu sein und unseren Körper einzuspannen, oder aber ob es für uns wichtiger wäre, still und ruhig zu sein.
Dieses innere Spüren ist keinen Regeln unterworfen. Wir müssen das selbst herausfinden.
Es ist nicht möglich zu sagen: jeder muß so viel essen oder jeder muß nach der Mahlzeit ausruhen oder, im Gegenteil, nach der Mahlzeit körperlich aktiv sein.
Das Gleichgewicht zwischen den Energien liegt bei jedem Menschen anders, aber jeder hat jenen Ort an der Basis seines Schädels, wo sich beide Wege trennen.
Wenn wir für diese Stelle empfindlich werden und unsere Energie beherrschen können – nach außen strömen lassen oder nach innen richten – dann halten wir auch das Gleichgewicht zwischen unseren nach außen gerichteten Aktivitäten, dem Erfüllen unserer Pflichten, unseres Auftrags auf Erden, und der nach innen gerichteten Energie, die notwendig ist, um unseren Charakter zu verbessern, für unseren Weg zur Befreiung.
Dies ist eine der vielen Energien, die mit dem Körper verbunden sind: die Energie, die die Nahrung uns gibt, und deren Umwandlung in uns.
Im Zusammenhang mit unserem Auftrag auf Erden und der nach innen gerichteten Energie, die wir für die Verbesserung des Charakters brauchen – für unseren Weg zur Befreiung auch, nach diesem Leben – sind zwei völlig verschiedene Transformationsprozesse erforderlich. Der Punkt des Gleichgewichts liegt, wie ich schon sagte, an der Basis unseres Schädels im Kleinhirn.

Ich habe jetzt über eine der vielen verschiedenen Energien gesprochen, die mit dem Körper verbunden sind; die Energie, die die Nahrung uns gibt und deren Umsetzung in uns. Es gibt beispielsweise noch zwei völlig andere Prozesse der Energietransformation. Der eine ist abhängig von unserer eigenen Initiative, unserem eigenen Einsatz, der andere von einer Kraft aus einer höheren, spirituellen Quelle in uns, die ihrerseits wieder von 49 verschiedenen Prozessen abhängt, die zusammen die gesamte Transformation des Menschen betreffen. Prozesse, die verbunden sind

mit Bewußtwerdung und Bewußtsein,
mit Reinheit, mit dem Fühlen,
mit der Denkkraft, mit der Noblesse und der Würde des Menschen usw.

Neunundvierzig Prozesse, die an der Vervollkommnung des Menschen mitwirken, des vollkommenen Menschen.

Einige dieser Prozesse sind abhängig von unserem Einsatz, von unserer Initiative, unserer Bereitschaft, zu opfern, loszulassen, aufzugeben. Andere hängen davon ab, ob wir in der Lage sind, zu akzeptieren, zu reagieren, wach im Jetzt zu sein.

Wenn wir dies nicht allein können, wenn wir nicht mehr weiter wissen, müssen wir beten, zum Beispiel:

> Herr, ich werde tun, was ich weiß.
> Ich werde, so gut ich kann, mitarbeiten
> an dem, was positiv durch mich wirkt.
> Und wo ich nicht zu reagieren vermag,
> weil ich es *nicht* weiß,
> da laß es in der rechten Weise
> in mir und durch mich geschehen,
> trotz meiner Unwissenheit.

So ist immer die positive kosmische Schöpferkraft Gottes in der Nähe, um uns zu helfen, wenn wir nur offen dafür sind.

Übung I

Wir legen uns ausgestreckt auf unseren Rücken, unsere Arme am Körper entlang, unsere Hände mit den Handflächen auf dem Boden,

unsere Beine gespreizt, unsere Füße nach außen fallend, entspannt.
Nun fühlen wir von der Tiefe unseres Beckens aus:
liegt jedes Bein gleichweit, gleich schwer?
Und die Füße?
Liegt der Akzent in unserem Becken, in unserer Chi-Quelle?
Wir suchen das heilige Dreieck in uns auf: den untersten Steißbeinwirbel und die beiden Sitzknochen.
Wir nehmen das Durchströmen in unseren Beinen, unseren Füßen wahr, durch und zwischen unseren Zehen, unter unseren Zehen.
Jetzt atmen wir von der Chi-Quelle aus.
Aufmerksam folgen wir dem Entfalten der goldenen Schale in uns und nehmen ihren Boden wahr, der die Haut unseres Beckenbodens ist.
Wenn wir auf diese Weise einatmen, öffnen sich unsere Beine und Füße, und so nehmen wir die Erdkräfte in uns auf. Wir erfahren, wie Becken, Beine und Füße *ein* Raum werden.
Die Haut des Beckenbodens und die Haut der Fußsohlen fallen zusammen und strahlen gleichzeitig aus.
So vertieft sich unsere goldene Schale: der Bereich zwischen Schambein, Vagina oder Testes, Rektum, Wirbeln und der Haut darunter.
Wir atmen aus: durch den Kopf empfangen wir Licht und Kraft vom Himmel, durch die Wirbelsäule hindurch und an ihr entlang, durch den Chi-Punkt zu den Beinen, den Fußchakras, aus den Fußsohlen heraus.
Immer mit den Strömungen mitgehen.
Im Einatem weit und tief werden,
im Ausatem lang und gerade werden.
So atmen wir ein Kreuz zwischen Erde und Himmel und nehmen Licht, Kraft und Wärme in uns auf.
Wir versuchen dies auch einmal sitzend in einer meditativen Haltung. Unsere Wirbelsäule gleicht dann einer Säule.

Übung II

Wir liegen und atmen in der gleichen Weise wie in Übung I.

a. Wir atmen ruhig und aufmerksam ein.
Im Ausatem gehen wir aber mit unserer Aufmerksamkeit die ganze Wirbelsäule entlang, nach unten hin, durch die Beine, zu den Fußsohlen hinaus. Fünfmal.

b. Wir atmen ein und entfalten unsere Beckenschale rundherum, wir nehmen ihren Boden wahr.
Wir atmen mit »f« aus, genauso entspannt wie wir mit »heeee« nach einer anstrengenden Tätigkeit ausatmen.
Wir tasten in unserem Becken. Fünfmal.

c. Wir atmen ein, wir entfalten unsere Schale, wir nehmen den Boden wahr.
Wir atmen aus, heben das Becken von unten etwas an und stellen uns Entspannung zwischen unseren Schulterblättern vor.
Diese Entspannung auch spüren, und wahrnehmen, wie das Gebiet zwischen den Schulterblättern, dem Hals und dem Hinterkopf sich öffnet und Spannungen losläßt.
Wir fühlen, wie unsere Kehle und die Augen gleichzeitig ebenfalls loslassen.

d. Wir ziehen jetzt unsere Knie so weit an, daß unsere Beine mit den Fußsohlen auf dem Boden stehen, in Schulter- oder Hüftbreite voneinander entfernt.
Wir atmen vom Chi aus ein und nehmen wahr, wie unser Unterbauch zum Berg wird.
Beim Ausatmen wird unser Unterbauch zum Tal. Siebenmal.

e. Nun fügen wir nach jedem Ausatem eine natürliche Pause von etwa zwei Zählzeiten ein. Siebenmal.

f. Beim Einatmen beugen wir unsere Fußgelenke so, daß sich unsere Zehen in Richtung unseres Kopfes bewegen.
Beim Ausatmen fallen die Füße und Zehen zurück in ihre natürliche, entspannte Haltung.

Sehr ruhig und geschmeidig bewegen.
Zwischen zwei dieser Ein- und Ausatem kurz ausruhen und auf unseren Atem achten – durch unsere Beine hindurch. Sechs- bis zwölfmal.

g. Beim Einatmen weisen die Zehen nun von uns weg und zum Boden hin.
Beim Ausatmen nehmen die Füße eine entspannte Haltung an.
Sechsmal.
Wie fühlen sich die Füße jetzt an?
Wir kriechen noch einmal hinein und tasten sie vom Fersenbein durch das Fußskelett hindurch bis in die Knochen unserer Zehen hinab.

h. Wir folgen jetzt weiter dem Atem und prüfen jeden Teil unsres Körpers: unsere Fußgelenke, Unterschenkel, Knie, usw.
Wir spüren nach, wie wenig oder wie sehr ge-spannt oder ent-spannt sich alles anfühlt.

i. Wir lassen unseren Ausatem durch uns hinströmen und versuchen, bewußt loszulassen, was nicht in uns gehört. Was spannt, krampft, sich wie ein Brocken anfühlt, dunkel.
Wir versuchen, dem Atem zu folgen. Wir gehen mit dem Strom mit.
So entsteht innere Wärme.
Wir fühlen uns in uns selbst geborgen.
Wir kommen bei uns selbst zu Hause an.
Sehr wach, im Jetzt, nehmen wir die Veränderung in uns wahr.
Zwölfmal.

Dann schlucken wir.
Wir zwinkern mit den Augen.
Wir fühlen mit offenen Augen: wie ist es in mir geworden?
Dann recken und strecken wir uns, die Arme horizontal gespreizt, und gähnen.
Wieder einatmen.
Im Ausatmen gehen wir bewußt durch unseren Körper mit, durch

die Fußsohlen hinaus, und nehmen wahr: den klaren Kopf, die sich kühl anfühlenden Augen.

Noch ein Hinweis:
Gerade weil es um die geöffneten Füße geht, die zur Erde hin offenen Fußsohlen – vom offenen, atmenden Becken aus –, habe ich so viele Fußübungen angegeben.

Wenn unser Becken eins ist mit unseren Füßen, eins zur Erde hin, dann öffnet sich unser Kopf in der rechten Weise zum Himmel hin.

6 Das innere Auge

Eines der Bücher, die ich in den letzten Jahren zugeschickt bekam, handelt von einem amerikanischen Prediger, der viele Menschen gleichzeitig durch Gebete heilte – unterstützt von Tausenden, die mitbeteten und mitsangen. Bewegend und Eindrucksvoll. Der Titel des Buches lautet: »Nichts ist unmöglich mit Gott«.
Wie von selbst taucht dann in uns die Frage auf: Womit befassen wir uns hier eigentlich? Es ist gut, sich noch einmal miteinander darauf zu besinnen.
Wir, Sie und ich, lernen, wie wir durch das Entwickeln unserer inneren Sinne auf neue Weise miteinander kommunizieren können.
Gesetzt den Fall, was niemand hofft, wir geraten in eine ernste Krise. Jeder von uns weiß, daß so etwas möglich ist, schon allein deshalb, weil wir die Erde ausbeuten, indem wir sie in falscher Weise bewohnen. Dann könnte es sein, daß wir auf ein Leben in Gemeinschaften angewiesen sind. Viele haben damit schon angefangen, mit beachtlichem Ergebnis.
Wie würden wir uns in einem solchen Falle verhalten? Wie könnten wir mithelfen, das Leben in einer solchen Gemeinschaft auf ein höheres Niveau zu bringen? Wie könnte die eine Gemeinschaft die andere akzeptieren, ohne dominieren zu wollen?
Die Menschen finden es meist schwierig, einander ohne Druck zu akzeptieren, es sei denn, sie versammeln sich hinter einem gemeinschaftlichen Ziel. Ein positives Zusammenarbeiten sowohl am eigenen Überleben wie auch an dem der Gemeinschaft, am Fortbestehen der Natur und der Erde.
So lernen wir mit der Zeit, Sinn und Zweck unseres Lebens auf Erden kennen: Nur diesem Ziel zu dienen, diese Form innerer Standfestigkeit, würde uns ermöglichen, die Erde in der ihr

gemäßen Weise zu bewohnen. Als *Neuer Mensch,* mit Hilfe der kosmischen Kräfte, nicht nur auf uns selbst vertrauend oder uns einem anderen anvertrauend, sondern vertrauend auf eine höhere Macht. Eine neue Form von Leben, die den Menschen auch Vertrauen geben wird.
Anders, als wir es jetzt kennen, werden wir einander in neuer Weise wahrnehmen: sensitiver, weit über Worte hinaus; einander auf neue Weise berühren; ein neues Bewußtsein von dem, was Leben ist und was es von uns verlangt; ein direktes Gewahrwerden ohne Worte.
Wir haben die Anlage dazu in uns. Wenn wir uns jetzt vornehmen, uns dem zu öffnen und daran mitzuarbeiten, dann wissen wir, Sie und ich, womit wir uns befassen.

Wir haben, jeder von uns, schon herausgefunden, daß wir die Möglichkeit, uns im positiven Sinne zu verändern, uns weiter zu entwickeln, in uns tragen.
Ich denke jetzt an das Öffnen unseres inneren Auges, des inneren *Schauens*.
Manchmal sagt jemand zu mir: »Aber ich sehe nichts!«
Es geht nicht um ein Sehen, so wie wir mit dem linken und rechten Auge sehen. Es geht um ein inneres Wahrnehmen, verschärft, intuitiv.
Oder auch um ein formloses Wahrnehmen, wie wir zum Beispiel mit unserer Nasenwurzel schauen, wenn wir dort weit, geräumig und tief hineingehen. Wir fühlen dann, wie sich unsere Rückseite, unsere dunkle Seite mit öffnet und ausstrahlt.
Diese Möglichkeit ist jedem Menschen gegeben. Jedoch so rudimentär, daß es schwierig ist, sie zu entfalten. Vor allem auch deshalb, weil viele es nicht für nötig halten, diese Art von Wahrnehmung in sich zu entwickeln.
Stellen Sie sich vor, eine Anzahl von Menschen würde eine neue Art des Gewahrwerdens in sich entwickeln, durch die sie einander auf eine tiefere Weise verstehen könnten. Das würde andere Leute dann vielleicht zu interessieren beginnen und sie fragen lassen: »Könnte ich das nicht auch lernen?«

So wie wir über das innere Schauen sprechen, gibt es auch das innere *Hören*. Dabei handelt es sich nur selten um eine Stimme. Inneres Horchen bedeutet, daß wir eine intuitive Antwort empfangen können, wenn wir zuvor still zu werden und uns von Gedanken leer zu machen vermögen. Dabei hilft uns das Atmen vom Chi-Punkt aus und durch ihn hindurch.
Das vertiefte *Fühlen* ist ein Einfühlen in den anderen, das uns in unserem eigenen Körper wissen, nachfühlen läßt, was im anderen verkrampft, angespannt, schmerzhaft, ängstlich, böse, traurig ist, oder stark, kräftig und warm.
Es ist unser Auftrag, dieses innere Wahrnehmen zu schärfen, um anderen optimal helfen zu können.
Diese Energien, die wir durch Meditation und durch unsere Übungen immer tiefer in uns zulassen, dürfen wir nur »im Dienst von« gebrauchen und niemals, um über andere zu herrschen, sie zu manipulieren. Letzteres geschieht sehr oft unbewußt. Wir werden dann ehrgeizig, statt uns von allem Negativen in uns zu reinigen und nur Werkzeug, Instrument zu sein. Gott durch uns wirken zu lassen: »Dich durch mich«.
Wenn es unser aufrechter Wunsch ist, reiner zu werden und nicht ein Mensch mit Kraft und okkulter Macht, dann müssen wir uns selbst, immer wieder von neuem, bis auf den Grund prüfen.
Es ist sehr schwierig, Menschen zu helfen, wenn Ihr inneres Auge nicht schon bis zu einem gewissen Grad offen ist, und Sie sich nicht bis in die Tiefe hinein wahrnehmen können. Mit unserem offenen inneren Auge reichen wir an die Wurzel unserer Probleme, dringen wir zu unserem Egoismus vor.
Vermeiden wir die Konfrontation mit uns selbst, versuchen wir, unsere Schwierigkeiten wegzudenken und zu beheben, dann merken wir irgendwann plötzlich, daß tief in uns nichts verändert ist! Oft kommt es zu diesem Schock gerade dann, wenn wir meinen, daß wir wirklich einige Fortschritte auf dem inneren Weg gemacht, und daß wir uns selbst unter Kontrolle haben.
Wir alle haben tief in uns gewisse Schwierigkeiten, die wir selbst nicht erreichen können, oder die von anderen nicht wahrgenom-

men werden und wir sind Meister darin, diese Probleme zu verbergen. Es hilft mir – und vielleicht auch Ihnen –, wenn ich, nachdem ich eine unangenehme Erfahrung gemacht habe, ganz tief in mich selbst schaue und mich frage, während ich eine solche Situation betrachte:

Akzeptiere ich sie oder ihn wirklich ganz?
Oder habe ich etwas gegen sie oder ihn?
Liebe ich sie oder ihn wirklich?
Wünsche ich ihr oder ihm wirklich aus dem Grunde meines Herzens alles Gute?

Dies frage ich mich selbst aufrichtig. Wir dürfen uns dabei natürlich nicht selbst zum Narren halten!
So befreien wir uns von Abneigung gegenüber dem anderen. Wir merken dann, daß wir sofort bereit wären, dem anderen zu helfen, wenn er in Not wäre. Daß wir uns unmöglich freuen könnten, wenn es ihm schlecht ginge. So lösen sich die negativen Gefühle auf. Abneigung gegenüber dem anderen ist nie die tiefste Schicht in uns. Glücklicherweise gibt es tiefere Schichten. Wir können uns fragen, wie Christus den anderen betrachten würde. Wir können uns dies vorstellen.
Wenn wir anfangen, das zu lernen, sind wir ein Stück weiter. Wir versuchen, denen, die wir nicht mögen, aus dem Weg zu gehen, aber das ist nicht richtig. Wir müssen lernen, offen und freundlich zu jedem zu sein und zu lernen, sie mit ihrem Dunklen und Hellen zu akzeptieren. Das macht uns frei.

Ich will Ihnen noch etwas über unser inneres Auge erzählen.
Die Schilddrüse, sagten die Alten, ist der Ort, wo die Seele in den Körper eintritt. Das ist allerdings sehr vereinfacht ausgedrückt. Die Schilddrüse ist das Organ unserer außersinnlichen Wahrnehmungen.
Das Atmen von unserer Chi-Quelle aus, durch das sich das Sonnengeflecht mit öffnet, versetzt uns in die Lage zu schauen.
Der Bereich des inneren Auges liegt oberhalb des Nasenbeins, und es öffnet auf die Dauer alle inneren Augen im Kopf. Jedes

dieser Augen hat seinen eigenen Bereich in unserem Körper, es reinigt und erleuchtet diesen Bereich.
Jedes Auge hat sein eigenes Licht und seine eigene Kraft, wenn die Verbindung mit der Chi-Quelle hergestellt ist.
Dann ist auch unsere Haut offen; über die Poren strahlen wir aus, und das kann von anderen wahrgenommen werden. Man fühlt sich akzeptiert und erwärmt, man fühlt sich besser. Es spricht die anderen an. Sie würden gern auch so leben. Das gibt uns die Möglichkeit, es an andere weiterzugeben.
Oder man ist nicht interessiert, und dann schweigen wir. Wir würden anderenfalls etwas Subtiles zerreden.
Es bringt uns auf eine neue Weise zusammen. Wir tragen einander und sorgen auf eine neue Weise für einander. Immer besser verstehen wir, was Jesus an uns weitergegeben hat. Er hat uns vor-gelebt.
Wir lernen einander auch er-kennen. Durch die Jahrhunderte hindurch sind wir miteinander verbunden und begegnen einander wieder, um uns gegenseitig zu schleifen, zu lehren, abzurunden, auch wenn es unter anderen Umständen geschieht.
Nichts geschieht rein zufällig.
Unter uns sind Menschen, die auf eine tiefere Weise zu horchen wissen, auf »die himmlische Weisheit«, wie ich es nenne. Sie geben sie auf eigene Weise und mit eigenen Gaben an andere weiter. Oder sie werden durch Telepathie gewahr, was geschieht, oft über große Entfernung hinweg, durch Gedankenlesen. Wir alle wissen, wie in einer Beziehung zwischen zwei Menschen, die einander sehr nahe stehen, zum Beispiel in der Beziehung zwischen Mann und Frau, in der Mutter-Kind-Beziehung oder in tiefen Freundschaftsbeziehungen, der eine vom anderen weiß, was er denkt; beide fangen gleichzeitig an, über ein Thema zu sprechen, ihnen kommen die gleiche Idee oder sie wissen, wann der andere sehr krank oder in Not ist.

Diese Art, miteinander zu kommunizieren, von innen her, geschieht auf einem höheren Niveau beim Heilen aus der Entfernung. Ausdrücklich betone ich, daß dabei keine Entfernung existiert.

Zu dieser Verschärfung unserer Sinne kommt es, wenn wir uns darin üben, uns zu reinigen, uns darin üben, unser Ego, unser denkendes Ich, im Ausatem loszulassen und die Tiefe unseres Beckens zu ertasten, durch Chi zu unseren Beinen, durch unsere Fußsohlen zur Erde hin.

Miteinander arbeiten wir daran, dieses verfeinerte Ein- und Mitfühlen zu erlernen, und in uns besteht das Verlangen, an andere weiterzugeben, was uns selbst vertieft, erweitert und verändert, uns zu einem neuen, wiedergeborenen Menschen gemacht hat.

Durch dieses verfeinerte Einfühlen erkennen wir auch immer genauer, wer so weit ist, dies zu lernen, und wer noch nicht so weit ist. Nicht jeder ist für diesen Weg bereit.

Die Strahlung von unserer Quelle, vom Chi aus, zusammen mit der Strahlung unseres heiligen Dreiecks, schützt uns vor dem Dunklen. Die Strahlung von innen her nach außen verhindert, daß das Dunkle von außerhalb in unser Inneres dringt. Die Strahlung wirkt wie ein »Puffer« zwischen uns selbst und dem Dunklen außerhalb von uns. Sobald wir lernen, das Dunkle in uns in Licht umzuwandeln, indem wir im Ausatem durch die Füße loslassen, durch Chi zur Erde hin, liegt der Teufel auf der Lauer. Wir müssen da sehr aufmerksam sein!

Wenn wir lernen, in uns selbst unsere Angst, unseren Ärger, unsere Aggression, all unsere Schwächen zu überwinden, kann es sein, daß wir denken, dies sei unser eigenes Verdienst, oder wir sind gar später stolz darauf. So kann ein neues Dunkles in uns entstehen, manchmal stärker als das, was wir gerade überwunden haben.

Je stärker wir darauf achten, nicht nur in der Übungsstunde, sondern auch den ganzen Tag über, von unserer Quelle, vom Chi, vom Kosmischen, von Gott her zu leben, um so offener ist unser mystisches Herz für die Christuskräfte: Wärme, Weisheit und Verständnis anderen gegenüber. In unserer Beziehung zum anderen können wir diese drei Kräfte nicht missen. Erst dann empfangen wir auch die inspirierenden und heilenden Kräfte des heiligen Geistes.

Unsere Wirbelsäule bringt uns das sehr real bei, und daran erkennen wir ganz genau, ob wir innerlich gerade sind, aufrecht in unserem aufrechten Dasein. Die aufrechte Wirbelsäule, unser Lebensbaum, verwurzelt und in der Tiefe unseres Beckens ruhend, durch unsere Beine und Füße hin mit der Erde verbunden.

Es klingt so einfach, aber wir wissen, wie schwierig es ist, dies den ganzen Tag über nicht zu vergessen.

Durch alles, was uns widerfährt, verlieren wir unsere Quelle, Chi, so leicht aus dem Auge, ob es nun durch Gefühle, Erschöpfung oder rein intellektuelles Denken geschieht.

Diese Drei:
- das Emotionale,
- die Erschöpfung, weil wir unsere Grenzen nicht kennen, und
- das mentale Denken, zerreißen den goldenen Faden, der uns mit der Erde und dem Himmel verbindet. Wir werden dann ängstlich, depressiv, krank.

So lernen wir auf harte Weise, unserem Wesen treu zu sein. Auch »nein« zu sagen, obwohl wir gern helfen würden. Immer wieder, wie geschäftig unser Leben auch sein mag, müssen wir uns die Zeit nehmen, uns vor allen anderen Dingen nach innen zu wenden.

Lernen wir uns selbst kennen.

Lernen wir unseren eigenen Weg kennen, der zu unserem Charakter gehört, zu unserem Temperament, zu unserer Wahrheit, zu unserem Leben.

Nehmen wir unsere eigene Individualität wahr, bis in unsere Tiefe, bis in die dunkelsten Ecken.

Gebrauchen wir unsere Sinne, um wahrzunehmen, wie geheimnisvoll und herrlich wir in unserem Kern sind.

Auf eine solche Weise morgens dazusitzen und nach innen zu horchen, erfordert ein klares Bewußtsein, ein besonderes Wachsein, um Fragen, die in uns aufkommen und beantwortet werden, jetzt oder später, auf ihre Anwendung in unserem täglichen Leben zu erproben.

Wir lernen zu verstehen, was das Leben für uns bereithält: viel mehr, als wir dachten.

Pflegen wir den leuchtenden Stern in unserem Innern, der manchmal klein ist, manchmal groß. Bringen wir ihn durch unsere liebevolle Aufmerksamkeit und Treue zur Entfaltung. Das Licht wird dann immer stärker werden und uns auf unserem inneren Weg begleiten, den ganzen Tag lang.

> Als ich ging durchs niedere Schilf,
> das nur rauschen kann, nicht singen,
> sah ich, wie ein Hirte brach
> ein Schilfrohr sich, das er beschnitt,
> bis es ihm zu Diensten war.
> Gekerbtes Rohr – wie tot
> hab ich's in seiner Hand gesehen.
> Durch diesen Stengel, stimmlos, ohne Ton,
> ließ er nun seinen Atem gehen.
> Und wenn er blies, dann sang das Rohr,
> wenn er verhielt, erstarb das Lied:
> Die süße, neu erwachte Stimme
> bestand und lebte nur durch ihn.
>
> So gab ich Wunsch und Willen gern
> in Gottes Hand und hielt mich still.
> Wenn dann, im Schweigen meiner Stimme,
> Gott – wie durch eine Schilfrohrflöte –
> seinen Atem durch mich blies,
> wie groß der Gewinn – wie klein, was ich ließ.
>
> Jacqueline van der Wals

Übung

Wir setzen uns zur Meditation hin.
Wir suchen das heilige Dreieck auf und setzen uns auf die

Vorderseite unserer Sitzknochen – so, daß wir das Gefühl bekommen, *vor* den Sitzknochen zu sitzen.
Jetzt fühlen wir durch das, worauf wir sitzen, zur Erde hin. Das kann die Sitzfläche eines Bänkchens oder eines Stuhls sein oder ein Kissen auf dem Boden.
Erst wenn wir durch unsere Haut hindurch, durch unsere Sitzgelegenheit zur Erde unter uns hintasten, gewinnt der Körper seine Freiheit, wodurch er in der rechten Weise atmen kann!
Von seiner Quelle, vom Chi aus.
Wir ziehen unser Kinn ein, der Scheitelpunkt weist zum Himmel hin.
Wir tasten unseren Schädel und die Schädelhaut ab und spüren, wie wir sie in Licht umwandeln. Himmlisches weißes Licht, das wie ein warmer Kraftstrom zwischen Haut und Wirbelsäule hinten nach unten strahlt und alle Müdigkeit wegnimmt. Auch das Zusammenknicken der Wirbelsäule während der Meditation wird dadurch behoben.
Wir fühlen, daß wir ungefähr 10° nach vorne geneigt sitzen, wie ein Reiter zu Pferd: so löst sich die Spannung in unserem Nacken.
Wir lassen unsere Zunge hinter den Schneidezähnen unseres Oberkiefers los, ebenso den Ober- und Unterkiefer.
Der Gaumen ist offen und ohne Spannung, und damit ist auch unser Schädel offen.
Wir sinken nun von unserem Hinterkopf aus an unserer Wirbelsäule entlang nach unten und zählen:

       7 Nackenwirbel,
    12 Brustwirbel,
       5 Lendenwirbel,
         das Kreuzbein und
         das Steißbein.

Wir lassen das Steißbein länger werden, etwa 10 cm. Unser Kopf ist sehr klar.
Versuchen Sie, 40 Minuten lang so dazusitzen.

7 Vibrationen, Farben und Töne

Bevor Sie mit dem Lesen dieses Kapitels beginnen, möchte ich Ihnen vorschlagen, zuerst das heilige Dreieck aufzusuchen: den untersten Steißbeinwirbel und die Vorderseiten der beiden Sitzknochen.
Wir verbinden diese Punkte miteinander.
Wir atmen vom Chi aus und folgen den Strömungen, bis wir fühlen: »Es« atmet durch mich.
So sind wir offen zwischen Himmel und Erde.
Sie können nun in Harmonie mit dem, was ich Ihnen weiter sage, mitgehen.
Diese Harmonie von unserer Chi-Quelle aus ist nötig, sollen die Schwingungen, die von uns ausgehen, andere nicht stören.
Manche Menschen können bestimmte andere Menschen nicht ertragen; sie werden schon nach einem Zusammensein von nur wenigen Minuten mit ihnen von einem tiefen Gefühl der Erschöpfung oder sogar von Migräne befallen! Ein harmonisches Zusammensein zwischen ihnen ist nicht möglich.
Dies ist keine Frage der Anpassung oder des guten Willens; auch liegt es nicht daran, daß der eine ein guter Mensch ist und der andere ein schlechter. Der wahre Grund ist ein Unterschied in der Vibration – im Rhythmus. Diese Menschen leben auf verschiedenen Wellenlängen.
Wir sollten uns der Harmonie und der Disharmonie, die durch den Unterschied der Wellenlängen zwischen zwei oder mehr Menschen entsteht, bewußter werden. Eine Menge Unannehmlichkeiten in Ehen und im Zusammenleben würde dadurch verhindert.
Wir verhalten uns zueinander noch genauso wie Hunde. Auch wir merken schon aus einiger Entfernung, ob uns der andere sympathisch oder unsympathisch ist, ob er uns als gut, erwärmend, öffnend oder als irritierend, aggressiv, bedrohend erscheint.

Wir alle kennen dieses Gefühl. Sensible Menschen reagieren sehr stark darauf, ob sie mit jemandem auf einer Wellenlänge sind, und sie finden ihre Erholung, ihre innere Ordnung im Kontakt mit der Natur wieder.
Es gibt bestimmte Orte auf der Erde, wo wir uns körperlich und geistig sehr gut fühlen. An anderen Orten hingegen überhaupt nicht: dort fühlen wir uns ausgesprochen ruhelos, schlafen schlecht oder gar nicht; wir fühlen uns depressiv und bedroht. Es können Schwingungen der Erde sein oder solche der Luft oder des Wassers. Wer schon einmal eine Nacht über einer Wasserader oder einer Kreuzungsstelle von Wasseradern zugebracht hat, weiß, wovon ich spreche.
Denken Sie nur an die Schwingungen, die von silbernen oder goldenen Schmuckstücken ausgehen. Warum trägt der eine gerne Gold und der andere lieber Silber? Und warum tragen wir das eine Schmuckstück lieber als das andere?
Nehmen wir einmal zwei verschiedene Steine in unsere Hände und nehmen wir den Unterschied in der Schwingungsstärke wahr.

Wir werden immer empfindlicher für die Schwingungen von Energien und lernen, damit umzugehen. Das gehört zum Kommen des neuen Menschen auf Erden, der nicht nur psychologisch wach ist, sondern auch spirituell.
Durch die Jahrhunderte hindurch gab es immer wieder »neue Menschen«. Denken Sie nur an Sokrates, an Buddha, an Lao-Tse, an Zarathustra, an Jesus! Einzelne.
Aber jetzt ist die Zeit gekommen, in der ein neues Bewußtsein auf breiter Basis möglich ist und möglich sein muß, weil das neue Menschsein eng mit dem Überleben der Erde zusammenhängt. Es ist eine Frage von Leben und Tod.
Notwendig ist, wie Graf Dürckheim sagt, ein inneres »Stirb und Werde«, ein Fallenlassen des alten Ichs, das auf die Welt gerichtet ist, auf ein Leben nach dem Tode, von Angst getrieben auf Gott gerichtet, negativ; desillusioniert durch Leiden, durch das Verhalten unserer Mitmenschen, durch unsere Vergangenheit, durch das Leben selbst.

Der neue Mensch läßt sich nicht mehr in Schubladen unterbringen. Er hat seine eigene Verbindung zu Gott: den goldenen Faden* von seinem großen Selbst aus, tief in seiner Chi-Quelle.
Seine Augen, auch seine inneren Augen, werden offen sein und er wird sehen, wahrnehmen, leben vom Jetzt aus, diesem Augenblick, wach und meditativ, multi-dimensional durch den Gebrauch seiner verschärften Sinne, seiner offenen, atmenden Haut.
So lebt er in Liebe, mit Wärme und Verständnis und mit Weisheit, frei vom Kern seines Wesens her, fröhlich und glücklich, weil er nicht mehr beschwert und indoktriniert wird durch orthodoxe Theorien, durch politische Leitsprüche, durch Leben in Vergangenheit und Zukunft.
Es wird ihm nicht mehr um Erfolg gehen, sondern nur darum, er selbst sein zu können; echt zu sein.
Er wird mit der Natur verbunden sein und Gott darin finden. Dann erst wird die Natur verstanden und geliebt werden. Das erfahre ich da, wo ich wohne, jeden Tag: die reine, strahlende Kraft, die dort noch von der Natur ausgeht. Die Erde ist so rein, so voller Kraft, so groß. Wir dürfen sie nicht zugrundegehen lassen.
Unsere Augen müssen endlich aufgehen für das, was wir im Grunde sind, für das, was wir alle mitbekommen haben, und was in den meisten von uns ungenutzt, unerkannt vorhanden ist.
In unserem Inneren liegt der wirkliche Weg, den wir so real an unserer geraden Wirbelsäule erfahren können, die gerade Furche durch uns hindurch.
Fast alle haben wir diesen Weg verloren, vergessen, aber ich werde Sie schütteln, so fest wie ich kann. Wenn Sie aber

---

* Das goldene Licht strahlt in uns, wenn wir frei von Angst, Sorge und Unsicherheit sind. Dann ist der Faden zwischen unserer Quelle in uns und der großen Quelle außerhalb von uns goldfarben. Sind wir offen zwischen Erde und Himmel, zwischen den offenen Füßen und offenem Kopf, dann kann der Faden silbern oder sogar leuchtend weiß sein.

weiterschlafen wollen und es mir nicht gelingt, Sie auf meine Seite zu ziehen, ist das Ihre Sache.

Wir können fortfahren, uns hinter der Angst zu verbergen, uns vorzeitig zu öffnen, aber es liegt im Wesen unserer Zeit, daß wir beschleunigt an uns arbeiten *müssen*.
Die Übungen sind rein und ungefährlich.
Die Zeit ist gekommen, zu wählen und wach im Jetzt zu sein, ohne Angst vor dem Einsam-Sein, vor Unverständnis um uns herum, vor Projektionen, unwahren Geschichten über uns.
Wir müssen, wo das notwendig ist, unermüdlich Hilfe geben, tief aus uns selbst. Das ist nur von einem wachgeschüttelten Körper aus möglich. Diesen Spiegel von Seele und Geist müssen wir bis in seine hintersten Ecken kennen. Wach, liebevoll und indem wir akzeptieren, daß unser Körper unser irdisches Haus ist. Dies birgt ungeahnte Möglichkeiten in sich.
Aber: Lernen Sie, allein zu stehen. Sein Sie allein.
Gehen Sie tief in dieses Alleinsein hinein und entdecken Sie alles darin. Erkennen Sie, daß wir immer wieder davor geflüchtet sind. Daß wir es verdrängt haben. Daß wir uns in Telefonate, Besuche, Liebeleien, Essen, Suche nach Aufmerksamkeit flüchten. Suchen Sie den Partner in sich selbst. Erst wenn wir unser Allein-Sein akzeptiert haben, sind wir erwachsen geworden.
Dann, in diesem Allein-Sein, lernen wir uns selbst kennen, finden wir unsere Schatzkammer in uns selbst. Dann erst lernen wir, uns selbst zu lieben, und erst von dort aus *andere zu lieben*.
Indem wir bewußt diesen Sprung wagen, nehmen wir die Verantwortung für unser eigenes Leben auf uns, für unsere eigene Evolution. Wir nehmen unser Allein-Stehen an.
Verlieren Sie dieses bißchen Bewußtsein nicht, das hätte einen Rückschlag in unserem Körper und starke Schuldgefühle zur Folge.
Indem wir einstehen und allein sein können, erwarten wir nichts mehr vom anderen. Das gibt uns Ruhe und verbessert unsere

Beziehungen zu anderen. Wir fühlen eine neue Verantwortung für den oder die anderen und für die Zeit, in der wir leben.

Die Vibrationen

So kommen wir wie von selbst zur Vibration aus unserem Kern, versuchen wir – wachgeschüttelt – *neu, jetzt* und in *diesem* Leben mit anderen umzugehen. Jetzt, da wir selbst wissen, was es bedeutet, heil zu sein, müssen und wollen wir gern lernen, auch heilend für andere da zu sein.
Sie werden zweifellos gespürt haben, wie Sie, wenn Sie heil sind und von Ihrer Quelle, vom Chi aus, atmen, *total* ausstrahlen. Rundherum. Das gehört zum neuen Menschen.
Wer von seinem Sonnengeflecht oder von seinem Nabelgebiet aus atmet, erfährt
- goldenes Licht,
- ein sanftes Prickeln,
- ein Zunehmen an Kraft,
- ein Offen-Sein bis zu den Kniegelenken hin,
- ein offenes magnetisches Feld mit heilender Kraft, vor allem in bezug auf Entspannung.

Die Farben der Aura ändern sich. Wir nehmen dann auch ein anderes Farbschema bei anderen wahr und erleben die Menschen emotional.
Das Atmen vom Chi aus öffnet eine neue Seinsweise in uns und verlangt nach einem verschärften objektiven Wahrnehmen, sowohl unserer selbst als auch der anderen. In jedem Menschen erschließt es die Fähigkeit, zu heilen, von einem elektromagnetischen Feld aus, und bei jedem auf seine Weise, mit eigenen Gaben und Möglichkeiten. Gerade weil wir das Geteilt- und Zerrissensein in uns kennen und uns dankbar und glücklich fühlen in unserem Ganzsein, als Einheit zwischen Erde und Himmel.
Von unserer Chi-Schale her stehen wir mit offenen Füßen auf der Erde, und von dort aus ist unser Kopf zum Himmel hin geöffnet.

Dadurch fühlen wir uns zwischen Erde und Himmel getragen. Nicht mehr allein, einsam.
Durch das Atmen und Leben von unserer Quelle, vom Chi aus, sind alle sakralen Räume geöffnet und strahlen aus:
- unsere goldene Schale, mit ihrer Verbindung zur Erde hin durch unsere Beine und Füße,
- unser Sonnengeflecht,
- unser mystisches Herz, unter der unteren Hälfte unseres Brustbeins,
- der Raum unserer Kehle mit dem inneren Ohr,
- unsere inneren Augen,
- unser geöffnetes Kronenchakra, durch das wir uns zur achten Ebene hin öffnen, unserer Verbindung mit dem Kosmos, dem Himmel, mit Gott.

Da unsere Haut geöffnet ist, besteht keine Grenze mehr zwischen uns und dem Kosmischen; dadurch sind wir Teil von allem, was ist.
Weil uns unsere Haut als Grenze diente, wurden wir krank, fühlten wir uns einsam, unglücklich, schwach. Aber vom Chi aus nehmen wir im Einatmen nicht nur Erdkräfte durch die Füße und Beine auf, sondern – durch die offenen Poren – auch kosmische Kräfte, die uns stark und vital machen. Und wir werden uns dessen bewußt: es ist wahr, daß wir als Ebenbild Gottes geschaffen sind.

Die Farben

Vom Chi aus werden nicht nur die sakralen Räume in uns geöffnet, sondern auch unsere Gehirnzellen, über die noch so wenig bekannt ist.
In unseren Gehirnzellen hat jede Farbe, jeder Ton eine eigene Spiegelung. Wenn wir uns zum Beispiel die Farbe Goldgelb vorstellen, eine Weide voller blühender, goldgelber Butterblumen, öffnet sich eine bestimmte Zelle in unserem Gehirn. Auf die Dauer brauchen wir uns von dieser Farbe keine Vorstellung mehr zu machen, denn wir erkennen sie in uns.

Das goldgelbe Licht ist das Licht, das der Wasserhaushalt in uns ausstrahlt: die Nieren, die Blase, die Galle, die Harnleiter, die von der Hypophyse gesteuert werden. Ist die Hypophyse (unter der vordersten Fontanelle) entspannt, dann sind wir frei von Angst, Sorge und Unsicherheit. Entspannt sind dann auch unsere Kehle, die Mundhöhle, die Gehörgänge und die Räume hinter den Ohrmuscheln. Darum wurde das goldene Licht, das wir hinter unseren Augenlidern wahrnehmen, von den alten Chinesen auch das »Ohrenlicht« genannt.
Die verschiedenen Strahlungskörper um uns herum haben alle ihre eigene Farbe. Jeder ist wieder unterteilt in sieben Sphären, die ebenfalls jeweils ihre eigene Strahlungsfarbe besitzen.

Das Licht des Himmels, das Gottes Energiekraft widerspiegelt, ist strahlend weiß, manchmal blendend weiß. Wir können es wahrnehmen, wenn wir uns von egoistischem Denken gereinigt haben. Die heilende Strahlung ist violett bis amethystfarben. Sehr zartes Mandelgrün spiegelt Weisheit wieder usw.

Die Töne

Warum verwenden wir Töne und wieso fühlen wir beim Summen und Singen von Tönen, daß wir weit und entspannt werden?
Unsere Vibrationen nehmen zu; wir spüren diese Töne wie einen direkten Ausdruck unseres Wesens.
Wenn wir summen, von unserer Quelle, vom Chi aus, Töne singen, dann öffnen sich unsere Poren, und wir werden eins mit der Gruppe. Bei dieser Art des Singens von Tönen ist das Wichtigste, einander zuzuhören.

Menschen, die das Arbeiten mit Farben und Tönen ablehnen, setzen Grenzen, nicht nur zu den anderen Menschen hin, sondern auch zwischen sich selbst und den kosmischen, göttlichen Kräften.

Übung (in der Gruppe)

1. Wir beginnen mit einem Ton, zum Beispiel:
»ooo ooo ooo mmm mmm mmm«.
Ganz leise in uns selbst horchen.
Es ist wie das Summen einer Biene.
Wir legen unser Herz hinein und alle Wärme und Liebe, die in uns ist.
Wir versuchen, sowohl uns selbst zu hören als auch die Gruppenteilnehmer um uns herum.
Horchen, ob wir in *einem* Ton miteinander singen.
Manchmal laut, dann leise, dann in mittlerer Lautstärke, bis wir uns an den Klang gewöhnt haben.
Dann sind wir gemeinsam still und horchen auf die Tiefe der Stille.
In und um uns, mit unserem ganzen Wesen.
Jetzt fangen wir an, »a« zu summen; wir achten dabei auf die Form des Mundes: »aaa, aaa, a, hhh, hhh, h«.
Und wir horchen in uns selbst hinein und auf die anderen.
Immer reiner, immer mehr Einheit im Ton.
Wir summen weiter »a«, aber wir formen unsere Lippen zu einer O-Form: »aaa, aaa, a, hhh, hh«.
Wir summen also nach hinten in unsere Kehle, während unsere Lippen ein »O« bilden.
Jetzt summen wir »aaa, aa, hhh, hh, ooo, oo«. Auch beim »a« summen wir mit unseren Lippen in O-Form und spüren, wieviel tiefer der Ton in uns vibriert, wieviel Energie freigesetzt wird und wie wach wir im Jetzt werden.
Je mehr wir unser Herz in die Töne legen, um so deutlicher spüren wir, wie die Vibrationen der Töne in uns singen und nachschwingen.
Mit dem Summen und Singen der Töne fühlen wir deutlich, wie die Energie durch uns hin zunimmt.
Wer ein Instrument spielt und gleichzeitig mitsummt: »aaa, aaa, a, hhh, hhh, h, ooo, ooo, ooo«, ganz langsam und nach innen horchend, den Ton höher werden läßt und dann langsam wieder

tiefer, spürt, wie die Töne zwischen den Vibrationen schwingen, die der Stimme und die des Instruments. Ich tue dies gern mit meiner Zither.
Es wirkt sehr entspannend, wenn wir nur nach innen horchen und von den neuen Tönen her, die entstehen können, immer wieder auf diesen Anfangston zurückkommen.
So kommen wir miteinander zu *einem* reinen Klang: Wir fühlen uns eins, entspannt, offen und aufgeladen in diesem gemeinsamen inneren Erleben.
Unser Körper wird so immer mehr gereinigt und dadurch feinstofflich.

2. Wir stellen uns hin, die Beine in Hüftbreite gespreizt, Schultern, Arme und Hände locker.
Das Kinn eingezogen, den Scheitelpunkt zum Himmel gerichtet.
Wir atmen vom Chi aus ein und entfalten unsere Schale.
Wir nehmen den Boden der Schale wahr.
Wir atmen aus vom Chi-Punkt her – durch die Beine und Fußsohlen zur Erde hin.
Ruhig, rhythmisch atmen.
Wir summen »aa, hh, oo, mmm, mmm«, ganz langsam und andächtig, vom Chi aus.
Wir fühlen auf unserer Haut das Prickeln der Vibrationen, die durch den Ton verstärkt werden.
Wir strecken die Arme nach vorn, die Handflächen sind offen, sie gleichen Schalen.
Jetzt noch einmal ruhig weit rundherum einatmen, den Boden der Schale wahrnehmen.
Mit »aa, hh, oo, mm, mm, mm«, ausatmen.
Spüren, wie unsere Hände mit Energie gefüllt werden, die sich im ganzen Körper ausbreitet.
Wir fühlen unsere Finger.
Wir spüren, wie unser ganzer Körper mitstrahlt.
Unsere Haut ist keine Grenze mehr.
Wir sind eins mit allem um uns herum.

Ganz wach im Jetzt.
Unsere Füße sind, so scheint es, mit dem Boden verwurzelt.
Unser Kopf, unser Schädel ist zum Himmel hin offen.
Wir strahlen von der Energie, die uns erfüllt, zu den anderen Gruppenteilnehmern aus.
Wir stellen uns vor, daß Wellen von Licht und Kraft von uns zu ihnen hinströmen und von ihnen zu uns hin.

3. Wir stellen uns in einen Kreis, geben einander die Hände und strahlen die Kraft, die wir durch unseren Kopf vom Himmel, vom Kosmischen empfangen, zu unserem Herzen, zum Chi und von dort durch unseren rechten Arm und von unserer rechten Hand zur linken Hand und zum Arm des rechts neben uns Stehenden.
Wir summen immer weiter: »aa, hh, oo, oo, mmm, mmm«.
Wir fühlen gleichzeitig, wie wir durch unsere linke Hand und unseren linken Arm von demjenigen, der links von uns steht, empfangen.
Danach eine Pause, loslassen, nachfühlen und abtasten.
Dann reichen wir einander wieder die Hände und tun noch einmal das gleiche, diesmal jedoch im Uhrzeigersinn.
Wenn wir einem Kranken Energie geben wollen, können wir diese gemeinsamen Energiekräfte auf die eine Person richten, die sich in die Mitte des Kreises stellt, und uns dabei vorstellen, daß die Energieströme wie violette oder strahlend weiße Ströme zu ihr hinfließen. Wir können auch unsere Hände auf die kranke Stelle richten oder die verschiedenen Chakren harmonisch miteinander verbinden. So wird ein Mensch gesund.
Diese Gruppenübung darf allerdings *nur* von jemandem geleitet werden, der die verschärfte Wahrnehmung erreicht hat und in der Lage ist, die Energie der verschiedenen Chakren bei jedem Mitglied des heilenden Kreises zu öffnen und harmonisch miteinander zu verbinden. Erst dann darf die Energie zur Person in der Mitte des Kreises ausgestrahlt werden.

8 Wahrheit

Wahrheit ist eine rare und subtile Substanz, die wir als Geschenk erfahren dürfen.
Sie strahlt von uns zu jedem hin, mit dem wir in Berührung kommen. Wir können Wahrheit nur weitergeben, übertragen, wenn wir selbst begreifen, daß sie nicht ein intellektuelles Verstehen ist, das mit Worten erklärt werden kann.
Es handelt sich um eine Strahlung vom Chi aus, unserer Quelle, unserem Herzen, unserem Blut.
»Was ist Wahrheit?«, fragte Pilatus Jesus. Er erwartete von Jesus eine weise Antwort. Aber Jesus gab keine Antwort. Er sprach nicht über die Wahrheit, weil Er Wahrheit war. Sie strahlte von seinem Wesen aus.
Pilatus wußte, daß der menschliche Geist endlos mit Halbwahrheiten spielen kann, wenn wir vom Mentalen her leben.
Der Krieg, überhaupt alle destruktiven Zustände sind daraus entstanden. Im wirklichen Wahr- und Echt-Sein ist kein zerstörerisches Element enthalten.
Wahrhaftigkeit ist stabil, integer, still und friedvoll. Wer von seiner Chi-Quelle her atmet und sein Herz den Christuskräften öffnet, dem fällt dieses Wahrhaftig-Sein nicht schwer.
Wir brauchen Wahrhaftigkeit bis in unseren Kern, weil sie uns in die Lage versetzt, die Not in anderen, in der ganzen Welt wahrzunehmen und bis in unsere Tiefe zuzulassen. Erst dann können wir wirklich etwas gegen die Not tun.
Der Schlüssel zum Verständnis des neuen Zeitalters liegt nämlich im Inspiriert-Sein von innen her: eine persönliche Bewußtseinsveränderung; ein neues Abstimmen in uns nach innen hin; ebenso wie nach außen zum anderen hin; neue Energien, die uns in die Lage versetzen, gemeinsam an einem neuen Himmel auf Erden zu arbeiten und zu bauen. Eine neue Ordnung; ein neues Verständnis; lernen, zu akzeptieren, daß wir auf uns selbst

zurückgeworfen werden; lernen, von unserem Kern, von Gott in uns, her zu leben; von dorther, wo wir sind, gerade und auf-recht, ohne kleine Notlügen, ohne unser Verhalten zu entschuldigen oder zu verdrängen.
Wir sind in dieser Zeit uns selbst und unserer Lichtquelle in uns entfremdet. Deshalb leiden wir.
Wir müssen lernen, wieder echt zu sein. Zu werden, was wir im Grunde sind. So nur lernen wir, unser eigenes Leben zu leben und unseren eigenen Tod zu sterben.
Zur Verfügung stehen uns jetzt immer: offene Augen, offene Ohren, eine geöffnete Haut, ein offenes, warmes Herz.
Durch alle Unreinheiten hindurch graben wir uns wie ein Maulwurf durch die Erde, durch Barrieren und Mauern hindurch, graben wir uns durch zum Licht. Dann, im vertieften Sein, Horchen und Fühlen, werden wir transformiert.

In der Meditation, in unserem Gebet, in unserem Atem finden wir Gott und uns selbst, in Harmonie zwischen Erde und Himmel. Wir werden dann geheilt durch die durch uns hinströmenden kosmischen Kräfte.
Dies macht uns frei von Furcht. Wo Furcht und Angst sind, sind auch die Halbwahrheiten. Unser Denken ist es, das uns daran hindert, integer zu sein, das nach beruhigenden und versichernden Worten verlangt. Immer wieder von neuem erfahren wir, daß das, was die Menschen zu uns sagen, nicht aus ihrem Herzen oder aus ihrer Quelle kommt.
Alles, was von außen nach innen dringt, wirkt weniger rein, wie gut es auch gemeint sein mag. Es macht ängstlich, verletzbar, egozentrisch und selbstsüchtig.
Was vom Kern her nach außen gelangt, erfordert ständige Aufmerksamkeit und ein Wachsein im Jetzt, in diesem Moment.

Vollkommene Liebe verbannt die Furcht, und als gebündelte Kraft strahlt sie aus uns Wärme und Licht aus.
Seien Sie nicht zufrieden mit der Möglichkeit, sich auf das

Licht einzustimmen, sondern spüren Sie die Spiegelung durch den Körper und die Haut nach außen.
Die Wahrheit strahlt lebendiger, vitaler und mächtiger als das Böse. So wächst das Vertrauen, geleitet von lebendigen, neuen Energieströmen, die auf Dauer die Welt verändern werden.
Achten Sie nicht darauf, was die Menschen um Sie herum sagen, sondern verändern Sie sich selbst, indem Sie von der Chi-Quelle her leben. Sie werden dann nicht anders als wahr sein können.
Von einem still gewordenen, hellen Herzen her wird klares Licht strahlen, von Ihrem Sonnengeflecht Freude und Ruhe, von Ihrem ganzen Körper Ausgeglichenheit und ein tiefes, warmes Mitfühlen.

Übung I

Wir setzen uns zur Meditation hin – so, daß wir entspannt und offen zwischen Himmel und Erde sein können:
unsere Wirbelsäule vom heiligen Dreieck aus gerade nach oben gerichtet, wie eine gerade Furche durch uns hindurch.
Unser Kinn ist eingezogen. Der Scheitelpunkt weist zum Himmel.
Schultern, Arme und Hände sind locker.
Der Akzent liegt in unserer Quelle, im Chi. Von dort aus regulieren wir unseren Atem.
Weit rundherum atmen wir ein und nehmen den Boden der goldenen Schale in uns wahr.
Wir atmen aus: durch den offenen Kopf empfangen wir die kosmischen, göttlichen Kräfte. Sie strömen durch die Wirbelsäule und an ihr entlang, durch die Beine, die Fußchakras, die Fußsohlen hinaus.
Ganz aufmerksam gehen wir in der Strömung mit, bis es so ist, als atme »es« durch uns hin.
Wir stellen uns jetzt vor, daß im Ausatmen die himmlischen Kräfte und das Licht wie ein Bündel des goldenen Lichts der

Wahrheit in unseren Scheitelpunkt eindringen und durch die Wirbelsäule und das Mark in der Wirbelsäule bis in den Beckenboden durchstrahlen. Das ganze Skelett wird bis in den kleinsten Knochen von diesen goldenen Strahlen genährt. Unsere Knochen werden lebendig und vital bis ins Mark, überall in unserem Körper. Sie wiederum durchstrahlen all unsere Organe.
Gerade die Organe tief in unserem Beckenboden brauchen das so nötig, weil bei den meisten Menschen dort das Emotionale steckenbleibt, verdrängt wird und nicht losgelassen zur Erde hin.
Wir atmen ruhig weiter, rhythmisch, und machen nun eine Pause von zwei Schlägen zwischen dem Ausatem und dem Einatem, ohne daß dies Spannung erzeugt.
Ganz ruhig loslassen.
In unserem Becken sendet das Bündel goldenen Lichts jetzt Strahlen von hyazinthblauem Licht aus und schafft so Ordnung, Harmonie und Gleichgewicht. Diese hyazinthblauen Strahlen tragen die Möglichkeit in sich, schöpferisch zu sein. Wir gebrauchen sie deshalb beim Meditieren über den Frieden in der Welt. Wenn wir selbstlos, ich-los ein Bündel Strahlen von dieser schöpferischen hyazinthblauen Energie durch eine große Gruppe von Menschen zu strahlen vermöchten, so trügen wir damit positiv zum Frieden in dieser Welt bei.
Von unserer Chi-Quelle aus öffnen wir uns zu unserem Sonnengeflecht hin, und von dem Bündel goldener Lichtstrahlen, die die Wahrheit spiegeln, strahlt emeraldgrünes Licht aus. Dieses emeraldgrüne Licht macht uns ruhig und still, heiter.
Wir stellen uns zwischen unserer linken und rechten Brust unter unserem Brustbein einen kristallklaren See vor.
Der See ist still und spiegelt das Licht bis tief auf den Grund wider.
Das Licht strahlt aus und erfüllt uns. Es wird zu einer Scheibe von kristallenem Licht, dessen Kern Stille ist.

Bei so tiefem Arbeiten an uns selbst, wie wir es jetzt tun, lernen wir, die Stille in unserem Körper zu integrieren.

Wenn das Licht auf diese Weise in unserem Inneren strahlt, muß es auch mit dem Ausatem rein und wahrhaftig von uns ausstrahlen. Sicherlich dann, wenn wir Christus bitten, uns zu helfen. Wir verbinden uns mit seiner Strahlung und Wahrheit, die uns aus seinem Wesen zustrahlen.

Ein rubinroter Strahl schießt nun zuerst nach vorn in unsere Kehle hinein und strahlt zurück in den Nacken. Nehmen Sie wahr, wie warm und offen sich Ihr Kehlzentrum anfühlt.

Nehmen Sie in sich selbst wahr: Wie war es? Wie ist es jetzt geworden?

Übung II

Nun wiederholen wir die vorangegangene Übung so, wie sie eigentlich ausgeführt werden sollte:

Wir stellen uns ein goldenes Bündel von Lichtstrahlen als ein goldenes Lichtseil vor, das gerade nach unten die Spitze unseres Kopfes durchstrahlt.

Wir atmen weit und leicht ein, nehmen dieses goldene Lichtbündel von Wahrheit in uns auf und summen in uns selbst »Va«.

Wir atmen mit »-ter« aus, und das rubinrote Licht schießt nach vorn und nach hinten in unsere Kehle.

Gleichzeitig öffnet sich das mystische Herz unter dem Brustbein, und es füllt sich dort ein runder See mit kristallenem Licht.

Wir sind tief und sehr still geworden.

Von unserem Sonnengeflecht her strahlt emeraldgrünes Licht durch die Haut nach außen und nach oben in den Brustkasten aus.

Wir atmen weiter ruhig mit »Va« ein, während wir tiefer in uns selbst hineinsinken.

Jetzt kommen wir zum hyazinthblauen Licht, das unser Becken und seine Tiefe rundherum füllt.

Wir sind nun bereit für unsere Meditation.

9 Die gerade Furche

> Wir können uns der letzten Geheimnisse nicht anders versichern als durch einen kühnen Sprung in ihre Tiefe. Dieser Sprung ist ein ungeheures Wagnis, er bedeutet eine ganz persönliche Entscheidung, aber wir dürfen sie trotz aller Gefährlichkeit und scheinbarer Ungewißheit getrost vollziehen, denn es ist kein blinder Zufall, daß wir unter diesen oder jenen Vorstellungen über die letzten Geheimnisse stehen, sondern diese Vorstellungen sind vom göttlichen Leben selbst in uns gewirkt.
>
> Gertrud von le Fort

Wenn wir miteinander über den neuen Menschen nachdenken und sprechen, kommen wir zuerst zu Gott, dem Schöpfer all dessen, was ist.
Woran müssen wir dabei denken? Was sagt dieser Satz uns?
Macht es uns etwas aus, wenn man uns sagt, daß es Gott gibt oder nicht gibt? Können wir darauf bejahend oder verneinend antworten?
Selbst dann sind es nur Worte.
Was denken wir beim Wort »Gott«? Was stellen wir uns darunter vor, wenn wir es hören?
Jemand rief an, der zum erstenmal bei mir gewesen war: »Dieses Wort dürfen Sie nicht benutzen! Dann sträuben sich mir die Haare!« Das höre ich oft.
»Gut«, sagte ich, »was wollen Sie lieber hören: – das All – oder – der Kosmos?«
»Ja, sagen Sie lieber ›Kosmos‹«, war die Antwort dieser Frau.
Von anderen höre ich etwa: »Ich selbst habe Gott niemals erfahren; ich weiß nur, was man mir gesagt hat!«
Was hat man denn gesagt, und wer hat Ihnen darüber erzählt? Was für Erfahrungen hatten diese Leute? Wenn Sie von dem ausgehen, was sie Ihnen erzählten, was sagt Ihnen das dann?
Oder jemand sagt: »Aber natürlich muß ich auch etwas erfahren

haben. Habe ich das denn vergessen? Habe ich es tief verdrängt?« Dabei klingt so etwas wie Ärger in der Stimme mit.

Und auch so können Menschen fragen: »Wie kann es ein allmächtiges Wesen geben, einen barmherzigen Schöpfer, der seine Schöpfung liebt? Sehen Sie doch nur all das Elend um uns herum! Wollen Sie wirklich an ihn glauben?«

Aber es muß doch eine große Macht geben, die alles geschaffen hat, das ganze Leben auf Erden. Und schauen Sie sich die feste Umlaufbahn der Sonne, des Mondes, der Sterne an. Schauen Sie sich die Jahreszeiten an. Und das Wunder unseres Körpers mit seinen inneren Prozessen, die Möglichkeiten, die uns gegeben sind und die wir noch nicht einmal kennen! Wir sind erst am Anfang unserer Entdeckungsreise.

So wird uns Gott vorgestellt: allmächtig, gnädig, alle und alles liebend, als großes und mächtiges Wesen.

Wenn es aber ein Wesen gibt, wenn es Gott gibt, dann muß Gott alles sein. Dann darf es nichts anderes geben.

Dann sind Sie Gott, und ich bin Gott, und wir alle sind Gott.

»Nein«, sagen wir dann, »ich bin nicht Gott, das weiß ich sicher.« Denn dann wäre Gott ein Wesen, das größer ist als alle anderen Wesen.

Also anders? Aber wie anders?

Wenn wir uns selbst anschauen und in uns hineinschauen, sehen wir uns dann als Wesen und wollen wir uns so sehen? Sind wir bewegliche Lebewesen auf zwei Beinen, die durch Vererbung und Umgebung beeinflußt werden? Nein.

Sind wir Schatten? Dann wäre Gott ein größerer Schatten.

Sind wir ein Geist? Ist auch Gott ein Geist? Nein.

Wir können Dinge aufzählen, die wir nicht sind. Die auch nicht sind wie Gott. In uns herrschen Verwirrung und Unklarheit, wenn wir versuchen, uns Gott vorzustellen.

Sind wir traurig darüber und verlieren wir etwas dabei, wenn wir nicht an Gott als ein Wesen denken können? Ein großes, gutes und mächtiges Wesen?

Unsere Verwirrung ist in der Tatsache begründet, daß Er die Welt schuf, so wie sie ist. Wenn Er Geist wäre, wie könnte ich es dann anders erwarten? Denken wir so über Gott?
Nein. Wir sehen Gott real.

Ich stelle alle diese Fragen, damit wir gemeinsam von der üblichen Art loskommen, in der die Menschen über Gott sprechen, schreiben, lehren, predigen.
Wenn wir sagen, daß Gott ein Geist ist, eine Idee oder eine Erfindung, dann hieße das, es gäbe nichts anderes als die materielle Welt und die Technik. Wir fühlen, daß dies nicht wahr sein kann. Fragt man uns aber, was Gott für uns bedeutet, dann können wir meist nur die Worte anderer wiederholen.
Und was bedeutet die Welt für uns?

Vielleicht fangen wir gerade durch unser Üben und Meditieren an, einen Funken des universellen Energieaustauschs und des Transformations-Geschehens zu sehen. Vielleicht beginnt etwas in uns zu dämmern, und wir fühlen: es gibt da mehr! Hinter allem, was wir anfangen zu verstehen, steckt »mehr«, und *es existiert, es ist da*.
Wenn wir auf diese Weise zu fühlen beginnen, verändert sich etwas für uns. Wenn wir uns dann selbst fragen: »Gibt es mehr als die materielle Welt?«, dann sagen wir aufrichtig »Ja!«
Es ist merkwürdig, daß wir immer eine Trennung zwischen uns selbst und unserem Körper machen, zwischen uns selbst und den Dingen, die wir tun. Wir tun etwas; es geht von uns weg und führt sein Eigenleben. Es ist zu etwas von uns Getrenntem geworden. Wir tun dies selbst.
Tiere tun das nicht. Sie trennen sich nicht von dem ab, was sie tun. Auch nicht von der Welt um sie herum.
Warum tun wir es dann?
Es gibt Menschen, die die Verwirrung nicht kennen und ruhig weiterleben. Stellen sie denn keine Fragen über die Existenz Gottes? Leben sie wie Tiere? Sie stellen die Fragen zwar, aber

sie akzeptieren die Antworten, die sie bekommen. Mehr brauchen sie nicht.

Wir brauchen aber mehr, uns ist es nicht möglich, zurückzugehen und tagein, tagaus zu leben, nur um den täglichen Anforderungen zu genügen! Wir können nicht mehr zurück zur einfachen Denkweise, weil wir wissen, daß es mehr gibt: eine Kraftquelle, ein Erfahren von etwas außerhalb unseres gewöhnlichen Bewußtseins, von dem wir sicher wissen, daß es existiert.

Damit fängt etwas Wichtiges für uns an. Ein Wahrnehmen von etwas, das außerhalb von uns ist und das uns innerlich berührt.
Wir fühlen dies deutlich, wenn wir still miteinander sind und uns nach innen wenden. Wenn wir von unserer Chi-Quelle aus atmen und mit dem kosmischen Auge mit-atmen. Der kosmische Atem kennt keine Grenzen. So überwinden wir mit unserem Atem auch unser Begrenzt-Sein.
Jetzt kommen wir einem vollkommenen Geschehen sehr nahe und sind uns in diesem Moment bewußt: Es gibt jetzt kein Ich, es ist kein Ich, das dies zustande bringt.
Und das ist, denke ich, der Schlüssel zu unserem Gottesverständnis.
Es ist der Schlüssel, den schon Jesus seinen Jüngern reichte:
»Seid vollkommen, wie euer Vater im Himmel vollkommen ist.«
Wenn wir recht handeln, in Wahrheit, dann sind wir Gott nahe.
Das rechte Handeln ist nur mit Mut, mit Vertrauen und gläubiger Geduld möglich. Das Vertrauen in Harmonie, die gerade Furche durch uns hindurch, gehört zum Wissen von Gott, und dazu gehört auch das Gefühl: für mich wird gesorgt, die Erfahrung von Geborgenheit.
Wir in der westlichen Welt, in der jüdischen, christlichen und islamischen Tradition, neigen dazu, Gott als Person anzusehen.
Im Osten ist es umgekehrt: Man stellt sich Gott dort unpersönlich vor und spricht von Tao oder Dharma. Doch meint man das gleiche wie wir: eine Einheit.
Es geht darum, mit welchen Augen wir schauen: ob mit persönlichen oder mit unpersönlichen Augen: Gott, der uns beseelt und

transformiert, als *Person* oder als *Dreieinigkeit,* oder Gott als schöpferische Macht, *Tao,* oder Gott als das Wahrhaftige, das Rechte, das *Dharma* im Universum.

Unsere Worte sind, bedingt durch unsere eigene Begrenztheit, dennoch begrenzt. Keine der Bezeichnungen ist ganz zutreffend, aber ich glaube, daß wir Gott so finden und erfahren und uns seiner bewußt werden können.

Wenn wir anfangen zu sehen, daß das, was uns die verschiedenen Religionen sagen, im Grunde ein und dasselbe ist, dann werden, wenn wir auf die eine oder andere Weise die richtigen Worte finden und den Wunsch haben, die Grenzen fallenzulassen, die zu Trennung und Widerstand führen, die Menschen in Zukunft in der Lage sein, über die sie trennenden Unterschiede hinauszublicken.

Dazu können wir persönlich beitragen, indem wir an uns selbst arbeiten und uns entwickeln, indem wir

- mit anderen teilen,
- den Schwachen und Kranken helfen,
- Gott suchen,
- auf die Erde Rücksicht nehmen und ihr unsere psychischen und physischen Energien geben.

Psychische Energien wie positive Gedanken und Gefühle, Freude und Leiden, Gefühle, sexuelle Kräfte. Physische Energien wie Hitze, Elektrizität, Schwerkraft und Kohäsion.

Unsere Energien können wir durch Übungen und Meditation konzentrieren, verstärken und bündeln. Für uns selbst und für andere. Auch für den Kosmos. Das ist unsere Pflicht, ebenso wie es unsere Pflicht ist, diese Energien an andere weiterzugeben und so bewußt die Energie in uns allen zu vermehren.

Alle Formen von Leben, ob pflanzlich, tierisch oder menschlich, sind abhängig voneinander. Glücklicherweise erhalten wir Anweisung und Kraft von oben: Mit ihr müssen wir zusammenarbeiten, und wir müssen Sein Instrument werden.

Übung

Wir legen uns auf die uns bekannte Weise hin: auf unseren Rücken. Die Beine leicht gespreizt, so daß die Leisten die Spannungen aus dem Oberkörper leicht über die Beine und Füße ableiten können. Die Arme locker am Körper entlang, unsere Hände zum Boden hin geöffnet.
Fühlen:
Liegen wir innerlich gerade?
Haben wir unsere Schultern innerlich losgelassen, von unserer Chi-Quelle aus?
Liegen unsere Beine und Füße gleich weit von unserer Beckentiefe entfernt?
Atmen wir ein und aus, vom Chi aus und durch Chi?
Folgen wir innerlich den Strömungen durch uns hin, bis
- »es« in uns atmet,
- wir Gottes Ausatem einatmen,
- wir Gottes Einatem ausatmen, durch uns hin.

In diesem Rhythmus atmen wir weiter, aber wir atmen jetzt laut mit »fa«, bis in unsere Zehenspitzen aus.
Wir spüren in uns, wie wir sehr viel loslassen zwischen Haut und Körper vorn und Haut und Körper hinten, wie unsere Haut rundherum offen ist, wie alle Poren mit ein- und ausatmen.
Zwölfmal.

Jetzt atmen wir mit »fu« aus.
Auch hier gehen wir mit dem Strom aus unseren Zehenspitzen heraus mit. Wegen der völlig anderen Mundstellung erfahren wir auch etwas ganz anderes durch uns hindurch. Unser Körper wird vom Scheitel bis zu den Fußsohlen zu einem atmenden Rohr.
Sehr viel Spannung und Krampf löst sich an unseren Seiten, Armen und Händen.
Im Ausatmen mit »fu« fühlen wir die Strahlung rundherum deutlich. Zwölfmal.

Wir atmen ruhig weiter, den Ausatem jetzt aber mit »pf«, also

zwei verschiedene Konsonanten hintereinander und gleichzeitig zwei verschiedene Mundstellungen.
Ganz wach und aufmerksam wahrnehmen, wie unser Atem dadurch den Akzent in unsere Füße bringt.
Unser Kopf wird leicht und leer vom Denken, von unserem Ego.
Das geschieht durch das Fühlen in der Tiefe unseres Beckens.
Wir tun dies siebenmal, während wir unsere Handflächen wie Schalen nach oben richten, um sie Kraft empfangen zu lassen.
In uns selbst sagen wir:

> Von Deinen Händen, o Herr, kommt all das Gute,
> von Deinen Händen fließen Gnade und Segen,
> unsere Augen sind auf Dich gerichtet,
> Du bist unsere Hilfe.
> Sei nun bei uns in dieser Stunde,
> in der wir uns für Dich öffnen.
> Begleite und beschütze mich,
> wenn ich meinen Körper,
> Deinen Tempel, für Dich öffne.

10 Beten

Im Anschluß an das vorige Kapitel würde ich gern mit Ihnen zusammen den Raum für das Gebet auf diesem inneren Weg finden. »Ein so abgenutztes Thema«, werden Sie nun vielleicht denken. »Wir befassen uns doch gerade damit, still zu werden und mit dem inneren Ohr zuzuhören.«
Gemeinsames Beten kann bedeuten, gemeinsam innerlich still zu sein. In einem Gebet ohne Worte. Vielleicht aber auch in einem ausgesprochenen Gebet, gerade so, wie es sich ergibt.
Ich glaube an die Kraft, die von einer kleinen Gruppe aufeinander abgestimmter Menschen ausgeht, die sich, in der Stille und von ihrer Quelle aus atmend, mit der großen Quelle, Gott, verbinden und die zu einem vereinbarten Zeitpunkt und an einem festgelegten Ort gemeinsam ihre Kräfte bündeln, die sie empfangen und die heilsam auf diejenigen einwirken, auf die sie gerichtet werden. Räumliche Entfernung spielt dabei keine Rolle.
Wer sich dem bewußt öffnet, empfängt und nimmt dies in sich wahr.

Wenn wir beten, richten wir uns nach innen, auf eine andere Welt, mit der wir uns zu verbinden suchen.
In unserem Gebet bitten wir um Hilfe, um Beistand, weil wir selbst nicht die Kraft haben, das, was vor uns liegt, in der rechten Weise zu vollbringen. Wir fühlen, daß wir Hilfe von einer höheren Macht benötigen.
In unserem Gebet können wir danken und unsere Liebe äußern, die wir für Gott fühlen. Ihn anbeten.
Dankbar sein ist ein reiches Gefühl, so überfließend, daß alles, was klein und negativ ist, sich löst und seinen Einfluß verliert. Es heilt und reinigt uns.
Mit einem dankbaren Herzen zu leben, ist nicht so schwierig. Wir brauchen uns nur darauf einzustellen und können es in uns

wachsen lassen. Es gibt so viele Gründe, dankbar zu sein, wenn wir nur ein offenes Auge für alle kleinen lieben Dinge im Laufe eines Tages haben.
Wer unter Depressionen leidet, kann, wenn er es wirklich will, durch das konkrete Aufzählen dessen, was ihm im Laufe eines Tages an Gutem widerfuhr, die meisten seiner melancholischen Stimmungen verjagen.

Wenn wir uns fragen: »Was denkst du, was du tust, wenn du betest?«, werden diejenigen, die an das Gebet glauben, sagen, daß sie sich mit Gott in Verbindung setzen und daß sie ein Bedürfnis danach haben. Andere werden sagen, daß das Gebet sicher erhört werden wird, wenn es mit Ernst und Überzeugung ausgesprochen wird.
Etwas wird möglich, das ohne Gebet nicht möglich gewesen wäre. Brauchen wir mehr als das?
Es gibt Menschen, die kein Bedürfnis nach Gebet haben, weil sie in sich ein Bild von einem guten und liebevollen Gott tragen, zu dem sie leichten Zugang haben, zu dem sie sprechen können und von dem sie fühlen, daß er ihnen zuhört. Andere hätten dieses Gefühl auch gern, können dies aber nicht. Wieder andere haben kein Interesse daran. Es ist ihnen gleichgültig.
Auch unter denen, die dieses Buch lesen, kann es Menschen geben, die fühlen, daß diese Frage sie nicht wirklich betrifft. Sie wollen an sich selbst arbeiten und etwas in sich selbst finden. Sie finden die Bitte um Gottes Hilfe kindisch und abergläubisch. Zwar akzeptieren sie, daß es ein höheres Wesen, daß es höhere Kräfte gibt, höher als die in der materiellen Welt, aber nicht von persönlicher Art. Beten, finden sie, muß etwas anderes sein als einen unsichtbaren Jemand, den wir weder sehen noch hören noch berühren können, um etwas zu bitten.
Wenn es so viele verschiedene Meinungen gibt, so viele Arten von Glauben bei aufrecht denkenden Menschen, würden wir einen Fehler machen, wollten wir behaupten, die eine Ansicht sei richtig und die andere falsch.
Gewöhnlich weisen solche unterschiedlichen Meinungen darauf

hin, daß niemand in der Lage ist, weit genug zu sehen. Jeder nimmt dann einen Teil der Wahrheit für die ganze Wahrheit. Das führt zu Konflikt und falschem Verständnis.
Es lohnt sich, weiter darauf einzugehen.

Wo sehen wir eine Möglichkeit, all diese verschiedenen und manchmal gegensätzlichen Meinungen übereinzubringen?
Vom materialistischen oder atheistischen Standpunkt aus ist das Gebet Teil des Aberglaubens. Wenn wir dieser Ansicht folgen, bleibt nichts anderes übrig, als unser Leben perfekt zu ordnen und uns dem anzupassen. Unsere Probleme lösen wir dann selbst. Und wenn wir nicht intelligent genug sind, geraten wir in die Misere, Fehler zu machen aus Mangel an Erfahrung oder weil wir die Probleme nicht durchschauen können, die sich vor uns auftun.
Ein anderer einfacher Glaube ist, daß Gott eine Person sei wie wir, bei der wir uns sicher und vertraut fühlen. Nur eben viel besser und unendlich viel größer und weiser als wir, liebevoll und barmherzig, den Abbildungen von Christus oder Krishna gleichend.
Wieder anders drückt Paulus sich aus, wenn er sagt, daß Gott der Geist ist (2 Kor 3,17), und dem entspricht auch die neutestamentliche Auffassung, daß wir Gott im Geist und in der Wahrheit anbeten müssen.
Niemand hat Gott jemals gesehen. Gott offenbarte sich den Propheten, lesen wir in der Bibel. Oder er offenbarte sich in heiligen Schriften oder als Inkarnation eines Weltenretters.
In der Bhagavad Gita ist Krishna eine Inkarnation Vishnus. Jeder kann Krishna sehen; er unterscheidet sich von anderen Menschen nur durch seine Weisheit. Als Ardjuna ihn bittet, sich in seiner wirklichen Form zu zeigen, erscheint er als eine schreckliche, alles verschlingende Kraft, die die ganze Natur aufschluckt. Ardjuna sieht Gott als Zeit. In der Gita sind viele Beschreibungen enthalten, die sich auf das unbekannte Wesen beziehen, das sich in vielerlei Formen manifestieren kann.
In all diesen Arten von Glauben geht es um ein unbekanntes Wesen, das nur durch seine Manifestationen erkennbar wird.
Der christliche Glaube kennt nur eine Form: Jesus.

Die Moslems kennen Gott durch den Koran. Wenn man ihm zuhört, dann hört man auf Gottes Wort.
Nach alttestamentlich-jüdischer Überlieferung offenbarte Gott sich Moses, und die Zehn Gebote waren Gottes Worte. Später verbreitete Gott seine Worte durch die Propheten. Manche von ihnen sahen Ihn und sprachen mit Ihm.
Immer bleibt das Gefühl von etwas Mysteriösem, von etwas, das außerhalb unserer Reichweite liegt. Gott ist vollkommen verschieden von jedem Bild, jeder Abbildung, die wir kennen.
Aber es gibt eine andere Möglichkeit, diese Wirklichkeit zu erfahren, die außerhalb unseres Verständnisses liegt, den Menschen nicht bekannt, wie zum Beispiel die Natur uns bekannt ist.
Diese Wirklichkeit geht über die Natur hinaus. Ist die Quelle, aus der die Natur entstanden ist. Vieles ist über diese Quelle, die größer ist als alles andere und von der nichts bekannt ist, geschrieben worden. Unpersönlich beschrieben, denn wäre sie persönlich beschrieben worden, so wäre sie uns bekannt und würde uns zu sehr ähneln, um dann noch absolut genannt werden zu können. Sogar der Philosoph Hegel, der so intensiv versucht hat, seine Ideen mit der christlichen Religion in Einklang zu bringen, sprach vom Absoluten als etwas, das unpersönlich, höher, weiter als alles uns Bekannte sei.
Auch die indische Denkweise sieht die absolute Wirklichkeit als die Quelle, und alle Götter stammen davon ab und stehen an zweiter Stelle.
Dieser einfache Glaube gibt eine Sicherheit, die vielen Angst und Sorgen wegnimmt. Es wäre falsch, Menschen in Verwirrung zu bringen und zu sagen, es sei naiv, so zu denken und zu glauben, daß Gott wirklich manchmal kindlich dummen Fragen zuhört.
Diese Welt kann aber mit einer höheren Welt verbunden werden, wenn wir in uns ein heiliges Bildnis tragen.
Sehen wir ein Bild von uns selbst im Spiegel, so denken wir nicht daran, daß wir das wirklich sind. Was wirklich ist, *bin ich,*

die oder der dort vor dem Spiegel steht. Denken wir an ein Bild, dann hat es weniger Wert für uns als der Gegenstand, dessen Bild wir in uns tragen.

Und doch, wenn wir etwas länger darüber nachdenken, erkennen wir, wie mächtig Bildnisse sein können. Sogar, wenn wir uns selbst beim Rasieren im Spiegel beobachten, beim Bürsten unserer Haare oder beim Zähneputzen, ist das Bild der Ursprung unseres Handelns: Nachdem wir in den Spiegel geschaut und gesehen hatten, daß unser Haar in Unordnung war, taten wir etwas dagegen.

Wenn wir in uns das Bild von jemandem tragen, der weise ist und uns helfen kann, gehen wir zu ihm hin, um Hilfe und Vertrauen zu erlangen. Sie wissen ja selbst: Wenn Ihr Doktor für Sie nicht das Image eines Mannes hätte, der in der Lage ist, Ihnen zur Genesung zu verhelfen, hätte er wohl kaum die Möglichkeit, etwas für Sie zu tun. Der größte Teil seiner Arbeit und seiner Pflicht als Arzt ist es, für Sie das Bild eines Heilers aufzubauen, in das Sie Vertrauen setzen können, dem Sie sich anvertrauen können. Dieses Bild heilt schneller als alle Medikamente, die er Ihnen gibt. Und wenn dieses Bild, aus welchem Grund auch immer, zerstört ist, geht alles schief. Es geht also hauptsächlich um das Image des Doktors, zu dem Sie hingehen, und dieses Images wegen leben heute viele Menschen noch, die sonst längst gestorben wären. Der Behandlung des Doktors und seiner Medizin ist eine Zauberkraft eigen, eine Macht, die man bei jemand anderem nicht erfahren würde.

Das Gegenteil ist leider auch wahr. Menschen, die die schwache Seite ihres Arztes erlebt haben, glauben weder an seine Kenntnis noch an seine Medizin.

Eine solche Kraft, ein solches heilendes Bild nennt man Charisma: der Glaube an die Realität des Bildes, der sich nicht um die Wirklichkeit dahinter kümmert, um das, was tatsächlich da ist.

Vor einiger Zeit las ich von einem jungen Mädchen, der heiligen Theresia von Lisieux, die während ihres Lebens nicht besonders aufgefallen war, die aber, als nach ihrem Tode bekannt wurde, was sie für andere getan hatte, zu einem heiligen Bild wurde. Erst dann wurden ihre kleinen Traktate bekannt, in denen sie überzeugend über ihren Glauben an Jesus sprach, wie sie mit ihm redete und ihn persönlich kannte. Tausende von Menschen besuchten ihr Grab, und unzählige wurden durch das Bild, das Image, das um sie herum entstanden war, geheilt. Dieses Image besaß eine solche Kraft, daß wirkliche Wunder geschahen.

Das heilige Bild hat also mehr Kraft als ein existierender Gegenstand.
Das Bild Christi hat mehr Wert als das Bild eines jeden anderen Menschen, auch mehr als das von Jesus, weil Kraft und Inspiration auf dieses Bild übergegangen sind; Kraft, die außergewöhnlich ist und weit über weltliche Kräfte hinausreicht. Was über die Welt hinausreicht, führt ein anderes Leben als das, was wir kennen, denn sonst würde es vergänglich und abgetrennt sein. Und von allen kosmischen Gesetzen abhängig. Aber gerade weil es weit außerhalb unseres Daseins liegt, ist es für jeden von uns möglich, eine direkte Verbindung mit Gott und mit Christus zu haben.
Es wird uns dann auch bewußt, daß es sich dabei nicht um Aberglauben handelt oder um eine Droge, die uns Ruhe verschaffen soll, weil es nichts anderes gibt. Es ist wirklicher als die Realität, die wir mit unserem linken und rechten Auge wahrnehmen.

Die Existenz sakraler Bilder in der Welt will sagen, daß es etwas gibt, was über die Gesetze dieser Welt, über die materialistischen Gesetze, hinausgeht.
Einige Menschen wollen weiter. Sie fühlen, daß sie selbst weitergehen müssen, über die bestehende Welt hinaus. Dort müssen sie hin, es ruft sie. Sie suchen ohne Hoffnung, das Gesuchte zu finden, und doch können sie nicht aufhören, zu suchen. Bis jemand kommt, der sie begleiten kann.
Bildnisse, Images, haben eine tiefere Wirklichkeit und größeren Einfluß als Menschen und Dinge. Wenn sich die Welt verändert, so geschieht dies durch ein neues Image, an das die Menschen

sich festklammern, in das sie all ihre Hoffnung und ihren Glauben setzen werden.
Es ist nicht einfach, über diese Dinge zu sprechen; man lebt noch so unbewußt, nimmt noch so wenig gerade von diesen Dingen in sich wahr.

Bevor wir weitergehen, müssen wir uns nach innen wenden und in uns selbst die Verbindung mit der Quelle, mit Chi, finden und sie durch den Atem unterhalten, durch unsere absolute Aufmerksamkeit, durch die Treue zu unserer getroffenen Wahl, durch Selbstdisziplin.
In unseren Übungen und in unseren Meditationsstunden sind wir uns der Präsenz einer vollkommen reinen Quelle bewußt. Es ist nichts, vor dem wir Angst zu haben brauchen. Es ist keine Phantasie.
Durch die Verwendung von Bildern können wir uns von unserer Chi-Quelle her mit der großen Quelle verbinden, mit Gott, der uns positiv führt und uns Kraft gibt weiterzugehen.

Gebet:
> Öffne meinen Geist für das Höhere,
> laß mein Herz ein Zentrum des Lichts sein,
> meinen Körper einen Tempel für den Heiligen Geist.
> Ich danke Dir für Deine Hilfe und Inspiration.
>
> Amen.

Übung I

Wir stellen uns hin, die Beine hüftbreit gespreizt, die Fersen ungefähr 20 cm auseinander, die Arme locker an unseren Seiten entlang, die Augen auf einen festen Punkt, etwa 2 m vor uns auf dem Boden, gerichtet.
Wir regulieren den Atem von unserer Chi-Quelle aus und durch sie.
Unsere Hände reichen zur Erde.

Unsere Finger fühlen die Erde.
Unsere Fingerspitzen tasten in die Erde hinein.
Wir nehmen die Strahlung aus unseren Fingerspitzen wahr.
Wir bemerken, wie wir innerlich loslassen:
aus unserem Hinterkopf,
unserem Nacken,
unserer Schulterpartie,
unseren ganzen Rücken entlang,
durch unsere Lenden zur Tiefe unseres Beckens hin,
durch unsere Beine, zu unseren Füßen und durch die Fußsohlen zur Erde hin.
Wir werden uns der Stelle bewußt, auf der wir stehen, der Verbindung zwischen unseren Füßen und dieser Stelle. Wir stehen auf festem Boden.
Der Akzent liegt deutlich im Becken und in den Füßen.
Unser Kopf ist klar und leer.
Beim Einatmen heben wir unsere Arme auf Hüfthöhe, die Hände offen wie Schalen, um zu empfangen:
- die Kraft aus der Erde und
- die Kraft aus Chi, unserer Quelle.

Wir atmen aus und empfangen in unseren Händen Licht und Kraft vom Himmel.
Wir atmen noch einmal aufmerksam ein und wieder aus.
Wir atmen ein und bringen unsere Arme auf die Höhe unseres Sonnengeflechts, die Hände wie Schalen geöffnet.
Wir atmen ein und aus; aufmerksam fühlen wir ein, was geschieht, was sich verändert.
Und noch einmal einatmen und wieder aus.

Wir atmen ein und bringen unsere Arme auf Brusthöhe, die Hände offen wie Schalen.
Wir atmen aufmerksam ein und aus. Zweimal.

Wir atmen ein und bringen unsere Arme in Kopfhöhe. Aufmerksam folgen wir dem Ein- und Ausatem, während unsere Hände offen sind wie Schalen, um zu empfangen. Zweimal.

Wir drehen unsere Hände, die Handflächen weisen zum Boden.
Langsam bringen wir unsere Arme und Hände in unserem eigenen Atemrhythmus wieder nach unten, über Brust und Sonnengeflecht auf Beckenhöhe, bis sie wieder locker an unserem Körper herunterhängen.
Dann atmen wir ruhig weiter und spüren in unserem eigenen Atemrhythmus nach, wie die Verbindung ist zwischen
   innen und außen,
   außen und innen.
Dies tun wir dreimal und nehmen die Veränderung in uns wahr.

Übung II

Wir bleiben so stehen und bringen im Einatmen unsere Arme seitwärts.
Wir stellen uns dabei ein Lichtmeer von eiblauer Farbe, wie von Meiseneiern, vor.
Dieses Eiblau strahlt von der Erde aus bis auf Armhöhe hoch.
Am Ende des Einatems verändert sich das Eiblau zu sanftem Purpurrot und liegt wie ein Kragen um unseren Nacken und Hals.
Wir atmen mit sanftem Primelgelb aus, während unsere Arme langsam nach unten sinken.
Während unsere Hände sich langsam zu unseren Hüftgelenken hindrehen, stellen wir uns unsere Schale in einem Kreis von strahlendem weißem Licht vor und summen:

        O-ho-mmmmmm,
        A-ha-mmmmmm.

Wir atmen jetzt mit Primelgelb bis auf Armhöhe ein, etwas weiter oben mit Weiß, strahlendem Weiß, das wie ein Kragen um unseren Nacken und den Kehle-Halsbereich liegt.
Und wir atmen aus mit Meisenei-Blau, während wir unsere Arme nach unten bringen.

Beim Drehen der Hände zu unseren Hüftgelenken hin stellen wir uns unsere Schale in sanftem purpurrotem Licht vor.
Wir summen:

> O-ho-mmm.mmm.
> und
> A-ha-mmm.mmm.

Wir bleiben danach still stehen und tasten in uns selbst ab, welche Farbfolge für uns die wohltuendste ist.

11 Leben

Was verstehen wir unter »Leben«?
Mit Leben meine ich: das Wesen, der Kern, der sich manifestiert in allem, was *ist,* in allen Lebensformen. Es ist überall, auch in Pflanzen, in Tieren, in Menschen. Wir sind seine Manifestationen; wir tragen die Merkmale des Menschen in uns.
Was wir nicht wahrnehmen können, ist das Nicht-Manifestierte, der Kern, das Wesentliche.
Die bestehende Welt, wie wir sie sehen, ist die äußerlich sichtbare Erscheinungsform der unergründlichen Quelle, die wir Gott nennen.

Der größte Teil des Kosmos lebt nicht. Er ist schwerfällig und passiv. Oder ihm wohnt eine ungeheure Kraft und eine sehr hohe Schwingungsfrequenz inne, eine hohe Form von Energie, wie zum Beispiel die Sonne.
Die Sonne steht unermeßlich weit über dem Leben, sie ist eine Manifestation schöpferischer Kraft. Leben ist von der Sonne abhängig. Leben empfängt seit der Schöpfung alles von der Sonne. Es gibt unzählige Millionen von Sonnen, die viel größer sind als unsere Sonne.
Der Mond ist eine Manifestation des Rohmaterials, aus dem die Erde bestand, bevor sich auf ihr Leben entwickelte. Für unsere Begriffe ist der Mond dunkel und gehört zur Nacht. Auf dem Mond gibt es kein Leben. Ohne daß wir uns dessen bewußt sind, hat der Mond Einfluß auf den Menschen. Bei Vollmond zum Beispiel schlafen viele Menschen leicht, oder sie schlafen gar nicht.

Leben an sich ist keine äußere Erscheinungsform von Trägheit oder Passivität, auch keine schöpferische oder aktive Kraft.

Wie manifestiert sich das Leben dann? Gurdjieff sagt: »Das Höhere vermischt sich mit dem Niedrigeren, um die Mitte zu realisieren.«

Das Höhere ist die schöpferische Kraft. Es ist das bejahende Prinzip.

Das Niedrige ist in diesem Fall die materielle Welt, passiv und empfänglich.

In *dieser* Welt findet Schöpfung statt, und aus dieser Welt entsteht *Leben* – der lebendige Beweis der versöhnenden Kraft im Universum.

Von vielen Völkern wird die Sonne, die Manifestation der schöpferischen Kraft, als der Schöpfer selbst angesehen und als solcher angebetet. Die Sonne gehört zum Universum, ist selbst aber nicht göttlich.

So ist auch das Anbeten der Natur falsch; die Natur selbst ist nicht die versöhnende Kraft, sondern nur deren Manifestation.

Die Natur steht Gott näher als wir Menschen. Wir sind nicht in der Lage, so zu geben, wie die Natur gibt, sind aber Teil der Natur. Und sie hilft uns mit der Luft, die uns am Leben erhält, den Energien, die wir brauchen, der Unterstützung und der Entspannung, die sie uns bietet.

Wir empfangen aber noch mehr: Die Luft, die wir einatmen, erfahren wir nicht nur als eine Kombination von Gasen, sondern auch als Nahrung für unser Wesen. Luft ist unbegrenzt, und wenn wir das Prinzip von Geben und Nehmen in uns zulassen, dann wird uns deutlich, daß wir Hilfe empfangen.

Dann wird es eine spirituelle Erfahrung. Meistens sind wir demgegenüber blind, und dies hindert uns daran, zu empfangen, was für jeden von uns im Kosmos vorhanden ist.

Ein kleines Beispiel:

In unserem Garten hatte ich einen eigenen Baum. Als ich zum ersten Mal durch den Garten ging, sah und fühlte ich deutlich seine besondere Strahlung. Sie war viel stärker als die jedes anderen Baumes im Garten. Nach meiner Arbeit ging ich gern kurz in den Garten, besonders zu meinem ausstrahlenden Baum. Ich stand vor ihm, öffnete mich innerlich seinem Kern, schlang

dann meine Arme um den Stamm und lehnte meine Wange gegen die Rinde. Wellen von Kraft und Wärme gingen durch mich hindurch, so kraftvoll, daß ich mich nach kurzer Zeit wieder vital fühlte. Atmend erfuhr ich den atmenden Baum. Gemeinsam erlebten wir den kosmischen Atem.
Leider wurde er gefällt. Ich habe den Garten nach einem anderen derartigen Baum abgesucht, fand jedoch keinen, mit dem ich so verbunden sein konnte.
Die Natur gibt jedem von uns, und wir nehmen durch unser Atmen und Leben von unserer Quelle aus, dem kosmischen Atem, Gottes Atem, wahr. Er atmet mit allem und durch alles, was ist.
Die Natur ist groß. Wir dienen alle gemeinsam einem großen Ziel. Alles, was atmet, lebt, ob wir bewußt oder automatisch atmen, als Mensch, als Tier oder als Pflanze.
Es geht um unser aktives Mitwirken mit der Natur.

So komme ich nun zu der Übung von
    ya – hai
    ya – huk.
Dies ist eine alte, besonders schöne Übung der Derwische.
Ich werde versuchen, Ihnen zu erklären, was ich schauend nachgespürt habe: Wir alle sind mondverbunden und müssen in unserer Evolution zur Verbindung mit der Sonne hinwachsen.
Der Bereich der Sonne in uns liegt auf der Vorderseite unseres Körpers. Der Nabel ist das Zentrum der Sonnenenergie.
Wir machen jetzt gemeinsam eine Übung.

Übung I

Wir stellen uns hin, die Beine hüftbreit gespreizt, der Akzent liegt in der Beckentiefe.
Wir regulieren unseren Atem vom Chi aus.

Wir öffnen unseren Nabel nach hinten bis in die Haut des Rückens. Dadurch öffnet sich über unserer linken und rechten Brust zu den Schulterspitzen hin ein Dreieck, dessen Spitze der »Nabeltunnel« bildet. Die Basis verläuft zwischen den Schulterspitzen unter dem Kehlkopf.
Dieses Dreieck strahlt zwischen der Haut vorn und hinten mit so viel Kraft aus, daß diese Kraft an unseren weit nach oben gestreckten Armen und Händen himmelwärts strömt.
Hinter den geschlossenen Augenlidern nehmen wir goldenes Licht wahr.
Wir fühlen Sonnenwärme und Yangkraft.
Das mystische Herz unter unserem Brustbein ist geöffnet. Es durchstrahlt alles Dunkle.
Alle Spannungen und Verkrampfungen lösen sich auf.
Raum entsteht, den die Christuskräfte füllen.
Ein solches Dreieck von Sonnenenergie strahlt auch vom Nabeltunnel durch die Leisten nach unten, zu den Außenseiten der Kniegelenke, durch die Außenknöchel zur Erde. Die Basis dieses Dreiecks liegt in der Erde.

Der Bereich des Mondes liegt in unserem Hinterkopf. Von der Medulla Oblongata, dem »Prana-Tor«, her sind wir mondverbunden.
Wir konzentrieren uns auf ein Dreieck, dessen Spitze der Scheitelpunkt bildet. Seine Seiten erstrecken sich vom Scheitelpunkt zu den Schulterspitzen. Die Basis verläuft zwischen den beiden Schulterspitzen durch den ersten Brustwirbel hindurch.
Wir beugen uns dann nach vorn und bringen die gespreizten Arme schwingend an den Außenseiten der Füße entlang nach hinten auf den Boden. Und wir sprechen nun »ya-huk«. Der Bewegung in die Gegenrichtung folgt das »ya-hai«.
Durch diese Bewegungen und das wechselweise Aussprechen von »ya-hai« mit weit gespreizten Armen, die himmelwärts gerichtet sind, und von »ya-huk«, indem wir uns nach vorn beugen und die gespreizten Arme am Boden entlang an den Füßen vorbei nach hinten schwingen, sind wir schnell wieder

vital und munter. Müdigkeit und Erschöpfung machen dagegen depressiv.
Wir tun dies zwölfmal, können es aber auf bis zu sechsunddreißigmal steigern.
Bewegung ermöglicht es, uns auf die Energien zu konzentrieren, die wir benötigen.

Als ich diese Übung entdeckte, habe ich Leute, die es wissen, nach der Bedeutung des Wortes »hu« gefragt. Dabei kam folgendes heraus:
Im Arabischen bedeutet dieses Wort: »nichts«, »er«, »sie« oder »es«. Wenn »hu« auf Verben folgt, bedeutet es: »er«. Es kann in einem ganz alltäglichen arabischen Gespräch auftauchen.
Es kann aber auch das, was über alle Dinge hinausgeht, bedeuten: die essentielle Wirklichkeit. Alles, was atmet, jeder Atemzug trägt es in sich. Der Kern unseres Atems, das heißt, der Kern unseres Lebens, der Kern unseres Wesens, Gott.

Übung II

Wir bleiben mit gespreizten Beinen stehen, die Füße in der Erde verwurzelt, die Arme locker am Körper entlang, den Akzent beim Atmen im kosmischen Auge.
Wir atmen ein, und indem wir »La« summen, drehen wir unseren Kopf zur linken Schulter hin, soweit es geht. Die Luft anhalten, und den Kopf zur linken Brust hin sinken lassen.
Dort atmen wir aus mit »Hu«. Mit angehaltenem Atmen heben wir den Kopf wieder und wenden ihn langsam zur rechten Schulter hin.
Wir atmen wieder ein mit »La« und drehen dabei den Kopf nach hinten, soweit es geht. Die Luft anhalten. Den Kopf zurückdrehen und schwer zur rechten Brust hin loslassen.
Dort ausatmen mit »Hu«. Bei angehaltenem Atem den Kopf heben und langsam zur linken Schulter hin wenden.

Wieder einatmen, und so weiter. Fünfmal nach links, fünfmal nach rechts.
Dies ist ein Teil einer Sufi-Übung, die das Mantra »La illaha illa Llah« (Keine Gottheit ohne Gott) verwendet.

Wir sind auf dieser Welt, in diesem menschlichen Körper mit einem besonderen Ziel, mit einem Auftrag, nicht zu unserem Vergnügen, und von uns wird erwartet, daß wir diesen Auftrag erfüllen.
Unserem eigenen Gefühl nach sind wir sehr weit von der großen Quelle außerhalb von uns entfernt. Wir haben oft das Gefühl, den Kontakt zu diesem Quell verloren zu haben.
Doch wenn wir es wollen, sind wir mittels unserer Chi-Quelle sofort wieder bei ihr, wenn wir nur dort hinein und durch sie hindurch ausatmen.
Aus eigener Kraft können wir sofort zu ihr zurückkehren. Ein Tier oder eine Pflanze kann dies nicht. Sie sind abhängig vom gesamten evolutionären Prozeß, um zur Quelle zurückzukehren.
Diese Quelle wird mit »hu« angedeutet.
Das Wort »hu« müssen wir mit tiefem Respekt gebrauchen.
»Ya-huk« sprechen wir aus unserer Tiefe heraus, von unserem Wesen aus. Es ist ebenso wie das Wort »Gott« ein sakrales Wort.
Jahrelang habe ich das Wort »Gott« nicht ausgesprochen, weil ich fühlte, daß ich so weit entfernt davon war. Allmählich, wahrscheinlich deshalb, weil ich tiefer, von meiner Quelle her, zu leben lernte, fing ich an, das Wort wieder zu verwenden.
Von allen Wörtern, vielleicht sogar von allen Klängen, ist »hu« das Wort, das für *Alles* steht:
für jeden Atem, den wir atmen,
für die Quelle, die nur erreicht werden kann vom völligen *Nicht-Sein* her.

»Chi-Quelle« und »hu« sind zwei verschiedene Wörter für denselben Punkt in uns. Über alle Formen der Existenz hinaus. Daran vorbei. Daher ist »hu« ein heiliges Wort, und nur so dürfen wir es gebrauchen. Es verbindet unsere Chi-Quelle mit der großen Quelle, Gott.

12 Die Bergpredigt

Ich habe eine Weile darüber nachdenken müssen, ob ich die folgenden Kapitel über die Bergpredigt und das Vaterunser in dieses Buch aufnehmen sollte. Ich bin keine Theologin. Und dies ist auch keine Theologie.
Nachdem ich in den Meditationsgruppen über diese Themen gesprochen hatte, wurden mir zwei Bücher zugeschickt, die ich nur wärmstens empfehlen kann: »Vom neuen Menschen« von Maurice Nicoll (›Edition Plejaden‹, 1982) und »Uit de Bergrede« von W. R. van der Zee (Den Haag: Boekencentrum).
Wenn ich trotzdem die beiden Kapitel in dieses Buch aufgenommen habe, so deshalb, weil sie schon – von der Chi-Quelle aus – geschrieben waren, und weil sie sinnvoll an das Vorausgegangene anschließen.
Die Bergpredigt (Mt 5–7) besteht teilweise aus authentischen Aussprüchen Jesu. Wenn wir Matthäus und Markus vergleichen, sehen wir, daß dieses Material sorgfältig geordnet und anschließend verbreitet wurde, um den Christen eine praktische Anleitung zu geben, sie auf ihre Aufgabe in der Welt vorzubereiten.
Am Ende des ersten Jahrhunderts nach Christus durchlebten die Juden eine katastrophale Zeit. Von 54 bis 68 verfolgte Nero die Christen. Im Jahre 70 wurde Jerusalem durch Titus verwüstet. Viele Juden waren geflüchtet. Sie lebten in Gruppen im Exil. Die Christen erwarteten eine zweite Ankunft Christi in naher Zukunft.
Für uns, die wir in den letzten Jahren des 20. Jahrhunderts leben, hat die Bergpredigt eine neue Bedeutung: Auch wir leben in unruhigen Zeiten und wissen, daß wir uns auf einen großen Auftrag vorbereiten müssen, eine Bestimmung, die vor uns liegt. Die Säulen, auf denen die europäische Kultur errichtet ist, verlieren ihre Standfestigkeit. Sie wanken. Genauso wie damals die Säulen der griechischen und römischen Kultur wankten.

In einer solchen Zeit hielt Jesus die Bergpredigt.

Rom erlebte am Ende des ersten Jahrhunderts den Höhepunkt seines Ruhms. Es schien die Welt zu beherrschen und den Frieden aufrechtzuerhalten. Einen römischen Frieden zumindest.

Heute sehen wir die überwältigende Herrschaft der modernen Technologie und das blinde Vertrauen in ihre Macht, einen universellen Frieden ohne Erneuerung der Ethik zu sichern. Man merkt nun allmählich, daß dies der große Irrtum unserer Zeit ist.

Diejenigen, die sehen, daß kein Fortschritt möglich ist ohne eine neue Ethik – und die gibt es in allen Teilen der Welt –, müssen sich auf die Zukunft vorbereiten. Viele sehen die Notwendigkeit, wissen aber nicht, wie das in Angriff genommen werden soll. Jene aber, die verstehen, daß eine totale Veränderung in unserem inneren Leben nötig ist, befinden sich in derselben Lage wie die Christen nach der Zerstörung Jerusalems im Jahre 70 und während des darauffolgenden Exils.

Nach zwei Weltkriegen erleben auch wir unsere Diaspora, und die Illusion einer permanenten europäischen Hegenomie ist in tausend Stücke zersprungen.

Es muß etwas völlig Neues und Anderes kommen. Der größte Teil der Menschheit ist aber noch nicht bereit, an den Transformationen mitzuarbeiten. Allein mit gesundem Menschenverstand ist das nicht zu machen. Die Menschen verschließen sich demgegenüber. Wir können das an den heutigen restaurativen Tendenzen sehen. Das Schlimme ist, daß wir meist erst durch schwere Schicksalsschläge lernen. Es gibt Menschen, die, wenn sie über die Zukunft nachdenken, auf eine total befreite Welt hoffen, die sichtbare Welt, die sich in eine Art Traumwelt verwandelt, eine Flucht aus diesem Leben.

Wenn wir nun zur Bergpredigt zurückkehren, so bemerken wir, wie paradox und unvorhersehbar die Art dieser neuen Lehre ist, die nichts mit dem jüdischen Glauben oder mit den philosophischen griechischen Quellen gemein hat.

Es handelt sich hier um praktische Ratschläge für diejenigen, die sich – in ihrer Beziehung zur Welt um sie herum – für ein neues Zeitalter bereit machen. Eigentlich, so habe ich selbst intensiv erfahren, ist sie ein Instrument zur Selbsterforschung. Punkt für Punkt können wir an den Seligpreisungen unser Verhalten, unsere Einstellung im täglichen Leben messen, wenn wir uns immer wieder neu fragen:
- »Wie stehe ich dazu?«
- »Wie will ich mich dazu einstellen?«
- »Will ich nach diesen Worten leben?«

Denn wir selbst tragen entsprechende Fragen in uns.

Das Zweite, was uns sofort auffällt, ist die Widersprüchlichkeit: Der Christ muß ganz in der Welt stehen und gleichzeitig frei davon sein. Er muß sein Licht scheinen lassen und dennoch seine guten Taten für sich behalten. Er muß denen geben, die bitten, auch wenn er sie nicht mag und sie für unwahrhaftig hält. Jedoch darf er das, was heilig ist, nicht den Hunden geben. Er darf nicht verurteilen, muß jedoch in der Lage sein, den unwürdigen Suchenden zu erkennen, und er darf seine Perlen nicht vor die Säue werfen.

All diese scheinbaren Gegensätze zeigen uns, daß der Christ nicht auf die Buchstaben des Gesetzes bauen oder sich auf Thesen berufen darf, die ihn seiner Verantwortung entheben. Der Schwerpunkt beim Christsein liegt auf dem Tun, im Handeln. Die Bergpredigt ist ein praktisches Instrument, das uns sagt, wie wir leben sollen.

Das Ziel ist: für das Reich Gottes zu arbeiten, und wer dies in vollem Vertrauen tun kann, empfängt alles, was er braucht.

Die Welt ist von Verwüstung bedroht, aber es gibt einen rechten Weg, der zum Leben führt. Die Jünger werden aufgefordert, diesen Weg zu wählen. Sie werden gewarnt. Viel wird von ihnen gefordert werden. Es gibt jedoch keine Anweisungen, keine Befehle. Die alten Gesetze werden nicht beiseite geschoben, aber sie müssen auf neue Weise verstanden werden. Nicht nur das äußere Verhalten zählt, wie nach den alten Gesetzen – genauso wichtig ist die innere Haltung; beide sind notwendig.

Östliche Religionen wurden im ganzen römischen Reich beliebt. Extase und Mystik erfreuten sich allgemeinen Interesses und näherten sich auch dem christlichen Denken. Im Neuen Testament werden wir davor gewarnt, auf Geister zu vertrauen. Die Bergpredigt äußert sich dazu nicht. Angegeben wird nur, daß die Jünger in die Welt stehen müssen und trotzdem nicht Teil von ihr sein dürfen. Sie müssen Isolation ertragen können und ein Pfeiler, eine Säule sein.

Wir, in dieser Zeit, die wir gern am geistigen Weg teilhaben möchten, müssen lernen, durch die offen atmende Haut hindurch in anderen oder in mehr Dimensionen zu Hause zu sein, als wir es bisher gewöhnt waren. Dadurch ist der Raum in uns der gleiche wie der Raum außerhalb von uns, der kosmische Raum. Und umgekehrt.
So lernen wir, gleichzeitig mit den verschiedenen Energien zu arbeiten und lernen deren Bereiche kennen. Die Sinne verschärfen sich.
Das geht nur, wenn wir in uns selbst festen Boden haben. Deshalb braucht jeder Mensch Begleitung, um weiterzugehen.

Die Bergpredigt ist auf das Zusammenspiel zwischen den höheren und niedrigeren Bereichen der menschlichen Natur gerichtet: zwischen dem Materiellen und dem Spirituellen, zwischen dem kleinen und dem großen Ich, zwischen Mensch und Gott.
Als ich die Bergpredigt zum erstenmal aufmerksam las, dachte ich: »So leben, das kann ich nicht!« Aber beim Lesen und Wiederlesen in kleinen Abschnitten und indem ich Teil für Teil auf mich einwirken ließ, packte es mich: Sollte es nicht doch möglich sein, nach diesen klaren Anweisungen zu leben? Es handelt sich dabei, ebenso wie beim Gehen des inneren Weges, um eine Wahl. Was in der Bergpredigt steht, ist möglich, wenn wir uns dafür entscheiden.
Aus Mangel an Selbstvertrauen, aus Angst vor dem, was die Menschen um uns herum sagen werden, zweifeln wir. Aber nichts kann uns in diesem großen Selbst, in unserer Chi-Quelle

treffen, wenn wir von dorther aufrecht zwischen Erde und Himmel stehen. Dann sind wir stärker als alle auf uns gerichteten Finger zusammen.
Ist die Bergpredigt aber nicht für Menschen geschrieben, die in einer anderen Zeit lebten? Und unter anderen Umständen?
Das stimmt natürlich. Aber deshalb braucht unser Maßstab dennoch kein anderer zu sein. Was von uns in dieser Zeit gefordert wird, ist anders, aber deshalb nicht weniger dringlich.
Die Bergpredigt gibt uns die Möglichkeit, uns in Menschen hineinzuversetzen, die mit einer Weltkrise konfrontiert wurden, genauso wie wir, und die von innen heraus helfen wollten.
In dem Bericht über die Bergpredigt sehen wir deutlich die Trennung zwischen der Menge, die Jesus folgte, und den Jüngern: Die Jünger mußten den Berg besteigen, und Jesus sprach allein und direkt zu ihnen. Zur Menge sprach er dagegen in Gleichnissen. Er bereitete die Jünger auf ihre spätere Arbeit vor. Mit Autorität spricht er eine Botschaft aus für eine neue, messianische Zeit. Eine Zeit, in der das Reich Gottes in neuer Weise für die Menschen Wirklichkeit werden soll.
In unserer Zeit ist dagegen die Menschheit als Ganzes beim Lösen ihrer Probleme nicht auf Gott gerichtet. Wir können im Gegenteil beobachten, daß die meisten Religionen Gott als Flucht vor ihren Problemen benutzen.
Manche denken, ein großes geistiges Erwachen sei nahe, aber die meisten Menschen weisen jede Arbeit an ihrer egoistischen Haltung weit von sich. Dies ist nun aber gerade notwendig, um Religion für uns lebendig zu machen.
So viele wenden sich zum Osten hin, zu östlichen Religionen, zu dem, was sie in westlichen Religionen zu vermissen glauben. Sie geraten dann jedoch auf einen Abweg und vermeiden damit einen wirklichen Kontakt mit Gott.
Für alle Menschen, ob sie nun Buddhisten, Mohammedaner, Hindus, Kommunisten oder Christen sind, ist Gott unwirklich und von ihrem Leben getrennt. Sogar für diejenigen, die täglich und mit großer Hingebung und innerer Übergabe zu ihm beten.

Sie haben jedoch keine Vorstellung von Gottes Plänen für den Kosmos. Wie könnten wir dann diese unermeßliche evolutionäre Intelligenz durch das Bewußtsein im Menschen wirken sehen?

Wir sind doch alle schon einmal von Aussprüchen religiöser Führer tief bewegt worden, durch das, was wir selbst oder von anderen über Wunder hörten, so daß ihr Werkzeug-Sein für jedermann wahrnehmbar war.

Dabei denke ich an die amerikanische Predigerin Cathryn Kuhlman. Sie beschreibt in »I believe in miracles«, wie sie mit Hilfe einer großen Menschenmenge durch gemeinsames Beten und Singen Menschen heilte. Sie war in der Lage, andere auf ein höheres Niveau mitzunehmen.

Und es gibt noch mehr solcher Menschen. Durch ihr eigenes Überzeugt-Sein, glauben wir.

Wie geschah das? Indem wir uns von innen heraus mit ihnen auf ihrer Ebene verbunden haben.

Wie haben wir das denn gemacht? Suchten wir einen stillen Ort auf, um zu meditieren? Gaben wir all unsere Besitztümer weg und gingen in ein Kloster? Oder fingen wir viel tiefer, intensiver, aber auf eine neue Art zu leben an? Wach, bewußt und willens, Verantwortung auf uns zu nehmen?

Verstehen wir jetzt, daß ein geistiges Leben nicht möglich ist, ohne daß wir für die Menschen um uns Verantwortung tragen?

Jesus sagt denn auch: »Jeder nun, der diese meine Worte hört und befolgt, ist einem klugen Mann zu vergleichen, der sein Haus auf einen Felsgrund gebaut hat.«

Wer den inneren Weg gehen und an der neuen Erde mitarbeiten will, kann die Bergpredigt als einen geeigneten Wegweiser benutzen.

Die Seligpreisungen, ein Bestandteil der Bergpredigt, nennen die Bedingungen, die man erfüllen muß, bevor man diesen Lebensweg gehen kann. Ebenso wie die innere Haltung, die dazu gehört.

Der erste und neunte Vers, der Schluß, verweisen auf das himmlische Reich:

> *»Selig sind die geistlich Armen, denn ihrer ist das Reich der Himmel.«*

Was meint Jesus damit? Er sagt nicht: das Reich *in den* Himmeln, sondern das »Reich *der* Himmel«, und das ist eindeutig ein Zustand in dieser Welt.

Es geht hier um Menschen, die sich in so großer Not befinden, daß sie bereit sind, ihr egoistisches Denken loszulassen, so daß aus der Erstarrung Raum frei wird für eine neuartige Einsicht. »Arm« will hier sagen: leer von egoistischem Denken. In jedem lebenden Geschöpf auf Erden gibt es eine Verbindung mit dem Kosmos, mit dem reinen, absoluten Bewußtsein, Gott. Der Kern liegt in unserer Chi-Quelle. Jeder Gedanke, jede Erfahrung verbindet uns mit ihr, wenn wir nur darauf achten.

Wir selbst errichten die Grenze zwischen Gott und uns, zwischen uns und allen Dingen um uns herum, indem wir unsere Quelle, Chi, nicht kennen, auch nicht als Zentrum unseres Ein- und Ausatmens.

Nur von dort aus kann Frieden auf Erden entstehen, nur von dort aus kann das Reich Gottes wirklich auf Erden zustande kommen.

Wir gehen miteinander auf eine neuartige Entdeckungsreise, und wir werden von unserer Quelle im Chi aus in der Lage sein, einander zu geben, miteinander zu teilen.

Die »geistlich Armen« können Werkzeug sein und haben, indem sie ihr Leiden akzeptieren, schon eine ganze Menge vorbereitender Arbeit getan. Dieses Leer-Sein, das Loslassen des egoistischen Denkens, und der Raum, die Leere, die dann entstehen, nennt der Japaner »mu«.

Versuchen Sie einmal selbst, meditativ zu sitzen. Der Schwerpunkt liegt in Ihrer Chi-Quelle, und aus Ihrer Tiefe heraus summen Sie »mu«, in sehr tiefer Tonlage. Seien Sie ganz im Ton und nehmen Sie in sich selbst alles wahr, was sich verändert.

In einer Gruppe ist das wie eine ansteigende Welle, die an den Strand spült. Jeder beginnt für sich, der Ton wird zu einer Einheit, je mehr sich die Haut öffnet.

So lange, wie wir noch gebückt gehen darunter, daß wir uns selbst wichtig nehmen, oder unter etwas anderem, was wir beschützen wollen, oder sogar unter spirituellem Reichtum, sind wir noch nicht bereit, den inneren Weg zu gehen.
Die Jünger mußten auch zuerst den Berg besteigen!
Wenn wir beginnen, an der neuen Erde mitzuarbeiten, gelangen wir zur Chi-Quelle; dort liegt die Verbindung mit uns selbst, mit unserem Wesen. Wer diese Verbindung in sich aber nicht kennt oder nicht finden kann, ist traurig, depressiv, ängstlich.

»Selig sind die Trauernden; denn sie werden getröstet werden.«

Der Mensch geht auf die Suche nach sich selbst und nach einem anderen, der ihn auf dem inneren Weg begleiten kann. So findet er Trost, sein Leben erhält Inhalt, wodurch sich auch die Menschen um ihn herum und die Umstände mitverändern.

»Selig sind die Sanftmütigen; denn sie werden das Erdreich besitzen.«

Dies ist der Schlüssel zu einem vollkommenen Verständnis dessen, was das Bauen an einer neuen Erde beinhaltet.
Die Bergpredigt spricht über eine neue Erde und über das Zurücklassen der alten Welt. Die Beziehungen zwischen den Menschen werden freundlich sein, sanftmütig, aufrecht. Jede der Seligpreisungen verweist uns auf das Verändern von innen heraus, auf unseren inneren Einsatz.

»Selig sind, die hungern und dürsten nach der Gerechtigkeit; denn sie werden gesättigt werden.«

Wie viele leiden unter Unrecht, unter dem Fehlen jeder persönlichen Freiheit, unter materieller Armut, unter politischem Zwang.
Welchen -ismus wir auch betrachten, keiner verbindet uns aus uns selbst heraus mit Gott, wodurch allein wir zu unserer wahren Bestimmung gelangen.

Die ersten vier Seligpreisungen gehören zusammen. Sie beziehen sich auf eine Situation, in der sich die Menschen befinden. Die folgenden vier Seligpreisungen handeln von der inneren Haltung. Es ist unvermeidbar, daß Menschen, die versuchen, nach solchen Regeln zu leben, nicht verstanden werden. Wir haben das zu allen Zeiten beobachten können. Überall auf der Welt ist es bekannt.

»Selig sind die Barmherzigen; denn sie werden Erbarmung finden.«

Hier denken wir an Menschen, die durch das Wissen um die Quelle in sich ihr eigenes Dunkles und ihr eigenes Licht kennen. Von dort her werden sie einen anderen nicht verurteilen, sondern ihm mit Wärme und Weisheit, verstehend begegnen und ihm zu helfen versuchen.

»Selig sind, die reinen Herzens sind; denn sie werden Gott schauen.«

Gibt es etwas Schwierigeres, als reinen Herzens zu sein? Das geht über das innere Leersein, wie es die erste Seligpreisung beschreibt, hinaus.
Wenn wir innerlich leer sind und dies akzeptieren, dankbar über den Raum, der so entsteht und der mit himmlischem kosmischem Licht und mit kosmischen Kräften gefüllt wird, dann arbeiten wir am Reinigen unseres Herzens.
So wirkt von unserer Quelle aus die versöhnende Kraft, die das große und kleine Ich in der geraden Wirbelsäule eins werden läßt.

»Selig sind, die Frieden stiften; denn sie werden Söhne Gottes heißen.«

Das Frieden-Stiften ist mit der Kraft aus unserer goldenen Schale identisch. Von unserer Quelle her ist die Kraft warm, gerade und stark. Sehr wesentlich ist hierbei auch die gerade Wirbelsäule.
Solche Menschen sind es, die aus ihrem Ganzsein heraus der Geringste sein wollen und die vergeben können.

»Selig sind, die um der Gerechtigkeit willen verfolgt werden; denn ihnen ist das Reich der Himmel.«

Sie werden leiden müssen, denn wenn Menschen berufen werden, eine geistige Aufgabe zu erfüllen, hat die Welt sie selten oder nie akzeptiert.

Die Unverträglichkeit der Menschen untereinander, bei der die Schwachen unterliegen müssen, ist größer denn je. Der Wahrheit wird Gewalt angetan. Diejenigen, die sich für die Wahrheit, für Gerechtigkeit einsetzen, werden ins Gefängnis geworfen, gefoltert und umgebracht.

Eigentlich hat sich das durch die Jahrhunderte hindurch nicht verändert: Wir sind unverträglich: sowohl im Großen wie auch im Kleinen, bis in die Familie hinein.

Während wir uns so in die Seligpreisungen vertiefen, erkennen wir, daß sie uns die rechte innere Haltung für das neue Menschsein auf der neuen Erde zeigen. Aber sie geben uns auch ein Versprechen. Keine Zukunftsmusik, sondern etwas für diese Zeit, für hier und jetzt. Es ist ein Aufruf an uns alle. Darum folgt:

»Ihr seid das Salz der Erde« und
»Ihr seid das Licht der Welt.«

Hier manifestiert sich eine innere Einstellung.

Was ist unser Wunsch? Wollen wir mithelfen? – Wir müssen dieses Salz der Erde sein. Wir müssen dieses Licht ausstrahlen.

Wie kommt die neue Erde zustande? Muß zuerst alles verwüstet werden?

Wir können vor allem an der Erhaltung der Erde mitarbeiten, indem wir uns selbst bis in unsere Tiefe hinein kennenlernen. Sowohl unser Dunkles wie auch unser Licht.

Gemeinsam auf eine Beziehung zu dieser anderen Qualität hinwachsen, von einer inneren positiven Haltung aus. Das Alte wird sterben und das Neue wird geboren werden. Keine Welt von Ursache und Folge, von Kauf und Verkauf. Keine äußeren und zeitlichen Beziehungen mehr.

Der neue innere Weg umfaßt wesentlich mehr als Widerstand gegen das Böse oder Wiedergutmachen von Fehlern. Wir werden lernen müssen, jederzeit bereit zu sein und nicht auf unser eigenes Recht zu pochen.
Wir halten dem sogleich entgegen: »Wie soll das denn gehen? Die Menschen werden auf mir herumtrampeln. Sie werden mich ausnutzen. Ich werde mich wie ein Sklave fühlen.«
Ja, in der Welt von heute schon. In der Welt, die kommen wird, gibt es nur ein gültiges Prinzip, das der Vervollkommnung. Alles andere wird diesem Prinzip untergeordnet sein. So ergeht in der Bergpredigt denn auch die Aufforderung:

>»Darum sollt ihr vollkommen sein, so wie euer Vater im Himmel vollkommnung ist.«

Wie weit sind wir davon doch noch entfernt. Wir, die wir so sehr gequält werden von Enttäuschungen, Zweifeln, Mißtrauen, Selbstüberschätzung, Versagensängsten und jeder anderen Form von Angst. Was bilden wir uns nur ein. Wir fühlen uns so klein, so demütig, so nichtswürdig. Dennoch sind wir das Salz und das Licht.
In der Welt leben und in aller Bescheidenheit unsere Arbeit tun. Mit all unseren Fehlern, Irrtümern. Aber indem wir uns dessen bewußt sind, mit Hilfe unseres verschärften Sehens, Horchens und Fühlens.
Wenn wir von unserer Quelle her atmen, werden die Werte sich verändern, werden wir lernen, unserem Wesen, unserem Kern treu zu sein. Durch Fallen und Aufstehen wachsen wir langsam aber bewußt auf ein neues Menschsein zu: mit Mut, mit Vertrauen, mit gläubiger Geduld.

Aus Texten der Hoffnung:

>Menschen,
>die in der Erwartung leben,
>sehen weiter.

Menschen,
die aus der Liebe leben,
sehen tiefer.

Menschen,
die aus dem Glauben leben,
sehen alles in einem anderen Licht.

Übung I

Wir setzen uns auf einen Stuhl wie zur Meditation.
Unsere Hände legen wir entspannt vor unsere Kniegelenke, auf unsere Oberschenkel, unsere Knie niedriger als die Hüftgelenke.
Unsere Füße bilden einen rechten Winkel zwischen beiden Fersen.
Wir suchen das heilige Dreieck auf: den untersten Steißbeinwirbel verbinden wir mit den beiden Sitzknochen, und wir nehmen dann die Strahlung dieses Dreiecks deutlich wahr.
Das heilige Dreieck öffnet in uns den Weg zwischen Erde und Himmel. Von selbst atmen wir dann von unserer Quelle, vom Chi her, ein und aus.
Von selbst ziehen wir uns vom heiligen Dreieck und vom Chi aus, von innen heraus gerade: die gerade Wirbelsäule, die rechte Haltung von Nacken und Kopf, die entspannten Schultern, Arme und Hände.

Wir lassen die drei Punkte des heiligen Dreiecks, das Steißbein und die beiden Sitzknochen, sich in die Sitzfläche des Stuhls hinein verwurzeln.
Wir geben den Wurzeln eine Farbe.
Innerlich fühlen wir dieses Verwurzeln bis in die feinsten Haarwurzeln hinein.
Wir nehmen durch uns hindurch wahr, was sich in uns verändert.

Wir fühlen, wie sich das heilige Dreieck in unseren Füßen spiegelt, aber auch zwischen den beiden Füßen, die immer noch in einem rechten Winkel stehen, der von beiden Fersen gebildet wird. Dies verstärkt die Strahlung in unseren Füßen zur Erde hin.
Fühlen Sie das?
In jedem Fuß ist das Dreieck zwischen Fersenbein – erstem Knöchel der großen Zehe und erstem Knöchel der kleinen Zehe – offen. Die Basis verläuft durch alle ersten Knöchel der Zehen. Auch im Dreieck zwischen den Füßen, wo die Basis aus linkem und rechtem Fuß-Dreieck durchstrahlt.
Diese Dreiecke lassen wir jetzt ebenfalls verwurzeln, tief in die Erde hinein.
Wenn Sie wollen, können Sie ihnen auch eine Farbe geben.

Das Licht in unserer goldenen Schale braucht die Erdung, um unser Inneres zu verändern.

Wir atmen ruhig mit geschlossenen Augen ein und aus.
Wir gehen mit dem Strom mit, tief durch Chi, durch unseren Beckenboden, durch unsere Beine, unsere Fußchakras, unsere Fußsohlen hinaus, zwölfmal.
Dann atmen wir wieder leicht rundherum vom Chi aus ein, und mit dem Ausatem gleiten wir bewußt durch unseren geöffneten Kopf, durch unsere Kehle, unser mystisches Herz, durch unser Sonnengeflecht, durch unseren Nabel, durch den Harapunkt drei Finger breit unter dem Nabel, durch unsere Quelle, Chi, durch den untersten Steißbeinwirbel zu den beiden Sitzknochen hin, durch die Beine und Füße, durch und zwischen den Zehen ins Kosmische hinein. Siebenmal.

Übung II

Wir fahren jetzt mit der ersten Übung fort und legen nach dem Ausatem eine kleine Pause ein.

Sehr still geworden, versuchen wir, unsere Aufmerksamkeit auf die Pause am Ende des Ausatems zu richten: Wann läßt der Ausatem den Einatem kommen?
Die natürliche Bewegung nicht im geringsten hindern. Entspannt wahrnehmen.
Alle Aufmerksamkeit ist nach innen gerichtet, auf und in unseren Unterbauch. Was geschieht dort und von dort aus durch uns hindurch?

Jetzt legen wir alle Aufmerksamkeit in unsere Füße.
Kennen wir den Punkt in unseren Fußsohlen, wo der Atem unsere Füße verläßt?
Was fühlen wir dort?
Fühlen wir das Loslassen, das Leer-Werden? Das »uns selbst an die Welt geben«, wie Govinda es nennt?
Fühlen wir das Wiedergeboren-Werden und das Erneuert-Werden im Einatmen? Das Teilhaben an dieser Welt?
Wir legen jetzt auch eine Pause zwischen Ein- und Ausatem ein. Sehr leicht und entspannt.
Mit dem Einatem dringt Vitalität, Energie in uns ein.
Mit dem Ausatem geben wir Energie an die Welt zurück.
Wir fühlen: »Es« atmet durch uns.
Je tiefer wir von unseren Fußsohlen aus in die Erde hinein loslassen, um so deutlicher nehmen wir wahr, daß auch der Einatem von einem tiefen Punkt aus der Erde her stattfindet.
Es entsteht ein Kreislauf zwischen unserer Quelle Chi und der Stelle in den Fußsohlen, wo Ein- und Ausatem sich mit einem Punkt in der Erde und dem Erdpunkt selbst verbinden.
Zwölfmal.

So werden wir bis in unsere Tiefe gereinigt und mit neuer Kraft aufgeladen. Unsere Augen werden klar und stark.

13 Das Vaterunser

Im vorigen Kapitel habe ich versucht, Ihnen etwas über mein persönliches Erleben der Bergpredigt zu erzählen und darüber, wie ich darin für mich selbst, für meinen inneren Weg, Anleitungen für mein tägliches Leben fand.
Das ist zwar eine persönliche Angelegenheit, und es ist wohl auch für jeden verschieden; aber ich hoffe, daß ich Sie zum Nachdenken gebracht, in Ihnen etwas wachgerüttelt habe, daß ich vielleicht etwas berühren konnte, was noch nachschwingt.

In der kommenden Welt wird es nur ein gültiges Prinzip geben: das der Vervollkommnung. Alles andere ist diesem Prinzip untergeordnet: »Darum sollt ihr vollkommen sein, so wie euer Vater im Himmel vollkommen ist.«
Wer ist der Vater im Himmel?
Die Jünger verstanden sehr gut, daß der Himmel nicht einfach ein Ort im Irgendwo ist.
In jedem von uns ist der Himmel existent. Es gibt einen Himmel, den wir miteinander teilen. Es sei denn, wir schließen uns selbst davon aus.

Gott, der Vater, lebt in jedem von uns. Er ist auch der Vater der Welt, aus der wir gekommen sind. Noch immer ist er mit jedem von uns verbunden. Von unserer Quelle, vom Chi aus, tief in uns, läuft ein persönlicher Faden durch den Punkt der Weisheit, der sich mitten auf unserem Schädel befindet, hin zu ihm. Und von ihm zu uns.
In dem Raum und der Ordnung, die dadurch in uns entstehen, lernen wir uns selbst kennen, das Leben, jetzt, zu akzeptieren, innerlich zu horchen und ihm unbedingt zu ge-horchen.
Jeder Mensch trägt die Möglichkeit in sich, in diesem Leben transformiert zu werden und seinen inneren Weg zur Befreiung

zu gehen. Auch Buddha hat gesagt, daß nur so wenige Menschen von den tatsächlich vorhandenen Möglichkeiten Gebrauch machen und daran arbeiten, ein freier Mensch zu werden. Es ist etwas ganz Besonderes, daß Sie Ihr wahres Selbst, Ihren Wesenskern, entdecken dürfen.
Wir müssen wirklich bereit sein, alles dafür einzusetzen und dem den Vorrang vor allem anderen zu geben.

Im ersten Jahrhundert nach Christus lebten viele Menschen in Gruppen zusammen.
Menschen, die den alten Göttern folgten, Anhänger von Mithras.
Die christlichen Gemeinschaften unterschieden sich von den anderen, da sie eine Aufgabe auf sich genommen hatten. Sie glaubten nämlich, daß die alte Welt untergehen und eine neue Welt entstehen werde. Darauf bereiteten sie sich vor.
Als der Tempel in Jerusalem verwüstet wurde, nahmen die Gesetze den Platz des Tempels ein. Die Urchristen lebten nach strengen Gesetzen. In Syrien gab es zum Beispiel eine Gruppe, in der keine Beziehungen zwischen Männern und Frauen erlaubt waren. Man durfte nicht heiraten. Man mußte alles loslassen. Derartige Beziehungen hatten keinen Bezug zur Welt, die kommen würde. Man lebte hart und streng, um Kraft daraus zu schöpfen. Um überleben zu können. Natürlich erzeugte das Spannungen. Aber es war auch viel Kraft da.
Indem diese Menschen hohe Anforderungen an sich selbst und an andere stellten und einander akzeptierten, konnten sie das schwere Leben ertragen. Sie verfügten so über die notwendige Energie und vermochten wider Erwarten zu überleben. Sie wurden nicht ausgerottet, wenn sie auch fortwährend in Gefahr schwebten.
Die Gemeinschaften, die nach der Bergpredigt lebten, unterschieden sich von jenen, die sich an die strengen Gesetze hielten. Sie gaben denjenigen, die nicht genug hatten.
Wie gab man damals? Wie teilte man seinen Besitz? Man gab einen Teil der Besitztümer den Armen, ohne daß dies öffentlich bekannt werden durfte. Man durfte kein Licht sein.

Auch hier wieder ein solcher Widerspruch: »So soll euer Licht leuchten vor den Menschen, damit sie eure guten Werke sehen.« – Und: »Gebt von dem, was ihr habt, ohne daß es gesehen wird.«
Das Licht darf weder durch sichtbare Handlungen wahrnehmbar sein, noch durch das genaue Beachten von Gesetzen und Vorschriften. Das Licht muß von unserer Chi-Quelle aus den ganzen Menschen erleuchten, so daß es nach außen strahlt, durch jede Pore unserer Haut. Dann geht von einer Gruppe, einer Gemeinschaft, eine enorme Kraft und ein strahlendes Licht aus. Eine große Wärme.
Es gab noch mehr Vorschriften: Jemand, der eine spezielle Arbeit verrichtete, sich aufopferte oder eine große Spende gab, in der Hoffnung, aufzufallen oder besonders geschätzt zu werden oder in besonderer Weise Dank zu erhalten, wurde schwer enttäuscht: Man durfte nicht erwarten, Dank zu ernten.
Es schafft Freiheit, so zu geben, daß man keinen Dank erhalten und nicht geschätzt werden will, weil man gibt. Wenn wir dieses Geheimnis kennen, haben wir eine Brücke zu Gott hin geschlagen, zur inneren Welt, zu unserer Chi-Quelle.
So ist es auch mit unserem Gebet. So auch beim Fasten.
Auf diese Weise wird viel Energie freigesetzt. Wir vertiefen uns und bauen eine große Kraft in uns auf. Wenn wir daran gemeinsam bewußt teilnehmen, können wir als Gruppe wirklich anderen helfen.
Darauf weisen die Worte Govindas hin:

>»Einatmend nehme ich die Welt in mich auf,
>Ausatmend gebe ich mich an die Welt«.

Das bewußte Einssein mit allem, was ist.
  Bewußt nehmen und geben,
  geben und nehmen.

Auch das gemeinsame Gebet wie das Vater Unser, das uns Jesus gegeben hat.
Warum beginnt dieses Gebet mit »Unser Vater« und nicht mit

»Mein Vater«? Weil es ein Gruppengebet ist. Es ist kein Ich, keine erste Person darin aufgenommen.
Was bedeutet hier Vater? Unser Vater, unsere Sünden, unser tägliches Brot?
Es sagt uns, daß die Welt, in der wir leben, ihren Ursprung in einer anderen Welt hat. Unsere Erde ist nicht die ursprüngliche Welt. Sie ist nur ein kleiner Teil davon. Wir dürfen nicht mehr denken, daß das Leben auf der Erde beginnt und endet.
Unser Leben beginnt in einer anderen Welt, deshalb: »*Unser Vater im Himmel.*«
In der anderen Welt ohne menschliche Vorschriften und Gesetze.

Früher habe ich irgendwo einmal folgendes gelesen und, weil ich es so schön fand, auch behalten: Jedes Geschenk kommt von oben, vom Vater des Lichts.
Damit ist die durch nichts bedingte Welt gemeint, die wir mit unserem Verstand nicht erreichen, in die wir nicht so ohne weiteres eindringen können und von der wir keine direkte Erfahrung haben.
Darum sprechen wir vom Vater, und nicht nur vom Vater, sondern auch von seinem Namen. Am Namen oder am Bild, das wir von ihm in unserem Inneren tragen, kommen wir nicht vorbei.
Was hinter dem Bild liegt, wissen wir nicht. Wir wissen nur, wozu wir – innerlich – gerufen sind: »Ich habe dich bei deinem Namen gerufen, mein bist du.«
Wir kommen aus einer Welt, die über unseren Körper und unseren Geist hinausreicht. Wir haben keinen Zugang zu ihr. Wir können nur glauben, daß sie existiert und als Bild zu uns kommt. Alle heiligen Symbole sind nur Bilder des Namens, den wir sprechen.

Warum bitten wir dann: »*Dein Reich komme*«?
Weil *dieses* Reich in diese Welt kommen muß und sich in

dieser Welt manifestieren wird. Das wird deutlich gesagt. Und das liegt, wie ich es nenne, in der Natur der Dinge.

»Dein Wille geschehe wie im Himmel so auf Erden« – in dieser bedingten Welt mit all ihren Gesetzen, Vorschriften und Bestimmungen. »Dein Wille geschehe« – in jedem von uns.
Nicht: »mein Wille geschehe«, was unserem kleinen Ich, unserem Ego entstammt. Nein! Die vollständige Übergabe von unserer Quelle, vom Chi aus, von wo der goldene Faden zwischen uns und Gott verläuft.

»Gib uns heute unser tägliches Brot.«
Hierüber gibt es unterschiedliche Auffassungen: Ist damit das Höhere, das essentielle Brot gemeint?
Wir alle brauchen Nahrung. Alle möglichen Arten von Nahrung.
Es gibt Nahrung, die aus jener anderen Welt zu uns kommt. Nahrung, die wir allein nicht suchen oder zubereiten können. Sie wird uns geschenkt: Gnade.

»Vergib uns unsere Schuld, wie auch wir vergeben unseren Schuldigern.«
Das beinhaltet das Einander-Akzeptieren. Einander zu vergeben, ist die Voraussetzung dafür, die Verwandtschaft mit der anderen Welt erfahren zu dürfen.
Solange wir andere kritisch und analytisch verwerfen und nicht in ihrem So-Sein akzeptieren, verwerfen wir den Weg zu dieser anderen Welt.
Jeder, der sich selbst kennt und etwas mehr von der menschlichen Natur, vom Charakter weiß, der weiß auch, daß wir alle uns selbst als Mittelpunkt des Weltalls sehen und andere Menschen kaum bemerken, daß wir uns selbst alles vergeben und einem anderen nichts.
Wenn wir uns der Wirklichkeit bewußt werden, dann ist das erste, was wir in uns überwinden müssen, unser Egoismus. So öffnen wir die Tür zu Gott.

Die Erde repräsentiert immer die bedingte Welt; der Himmel immer die un-bedingte Welt. – Zwei Seiten. Auch in unserem Charakter.
Die Spaltung zwischen diesen zwei Welten außerhalb von uns finden wir in unserem Charakter wieder. Sie muß geheilt werden, wenn wir neue Menschen werden wollen.
Darum lernen wir, mit dem vergrößerten rechten Auge zu sehen (s. Kap. 14, S. 124f.), wodurch das Gespaltene zur Ganzheit wird.

Wir können zwei Wegen folgen, um vertrauensvoll unseren Lebensweg zu gehen.
Der eine Weg ist: in unseren Dharma vertrauen, das Richtige, das Gerechte, das Absolute in unserem Leben.
Der andere Weg ist: in die eigenen Fähigkeiten vertrauen, in das Berechnen unserer Chancen.
Bei Letzterem unterwerfen wir uns den Gesetzen, die auf der Erde gelten. Wenn wir auf Dharma vertrauen, wird Dharma für uns Sorge tragen.
Diese letzte Form müssen wir wählen, wenn wir in Gruppen leben wollen: Vertrauen in Dharma.
Beim Berechnen unserer Chancen stoßen wir an die Grenzen des menschlichen Berechnens. Dies ist die Methode der Welt: Berechnen, Planen, Sich-Vorbereiten, Vertrauen in das Funktionieren der Naturgesetze und ein vielseitiges Wissen, um die Welt nach unserem Wunsch zu gestalten.
Die Bergpredigt ist für das Leben in einer Gemeinschaft mit einem eigenständigen inneren Leben wichtig:
- stark im Einssein,
- nicht von zerspaltenden Kräften vernichtet,
- ohne Vor-urteil,
- versuchen, für andere so zu sein, wie wir gern selbst behandelt werden wollen.

Dies alles ist an Männer und Frauen gerichtet, die zu jener Zeit unter bestimmten Umständen leben mußten, die den sich heute

ankündigenden ähneln. Der Zerfall aller möglichen Institutionen, von denen man abhängig war, betraf damals nur das römische Reich. Heute ist die ganze Welt davon betroffen.
Wir müssen uns, verwöhnt, wie wir sind, innerlich darauf vorbereiten, in einer Welt zu leben, die weniger gastlich ist, als wir es bis jetzt gewohnt sind. Wir müssen uns dafür selbst Normen setzen, denn es wird nicht immer leicht sein. Aber in einer Gruppe zu leben, wie die Bergpredigt es nahelegt, als eine Einheit, erzeugt viel Kraft und Glück. In den Gemeinschaften früherer Zeiten, die auf dieser Basis gegründet waren, herrschte großes Glück.

Übung I

Wir stellen uns hin, die Füße hüftbreit (ungefähr 20–30 cm) auseinander.
Wir regulieren unseren Atem vom Chi aus.
Von der Tiefe unseres Beckens aus strecken wir unsere Wirbelsäule hoch, als ob wir wachsen.
Die Nackenwirbel sind auch daran beteiligt,
der Hinterkopf ebenfalls.
Das Kinn ist nach innen gezogen, so daß unser Scheitel zum Himmel weist.

Wir lassen uns jetzt in unseren Schultern los. Die Schultern aber nicht hängenlassen, als würden sie als Kleiderständer gebraucht. Uns selbst lassen wir in unseren Schultern los, so daß das Gewicht unseres Oberkörpers im Becken ruht.
Dadurch schiebt sich unser Becken und unser ganzer Unterbauch etwas nach vorn.
Wenn wir so stehen, ist es, als trügen wir eine Last auf unserem Kopf.
Wir stehen so entspannt wie möglich und schauen geradeaus, ohne zu fixieren.

Jetzt pendeln wir einmal vor und zurück, ohne einzugreifen, und achten darauf, in welcher Haltung das Pendeln zum Stillstand kommt.
Wir fühlen dann deutlich, ob wir unser Körpergewicht in der Tiefe unseres Beckens ganz losgelassen haben oder nicht.
Wenn das noch nicht der Fall ist, dann noch einmal bis tief in den Beckenboden ganz loslassen, das Kinn eingezogen, den Scheitel zum Himmel, die Schultern innerlich loslassen und pendeln, während wir von innen heraus verfolgen, was geschieht.
Indem wir so pendeln, werden wir, falls wir richtig stehen, fühlen, daß wir nach unten hin immer breiter werden: pyramidenförmig oder kegelförmig.
Ganz wach, sehr aufmerksam in unsere Füße fühlen.
Tief in unsere Beine hineingehen, in unser Becken und seine Tiefe.
Aufmerksam folgen wir unserem Körper:
Wir spüren, wie unser Kopf losgelassen hat.
Wir versuchen, hinter unseren geschlossenen Augenlidern durch sie hindurch bis in unsere Füße hin wahrzunehmen.

Übung II

Jetzt, wo wir viel Spannung und Müdigkeit losgelassen haben, können wir viel deutlicher in uns nachspüren.
Wir spreizen unsere Finger und krümmen sie etwas.
Wir drücken die Fingerspitzen gegeneinander, unsere Augen sind geschlossen.
Wir richten unsere ganze Aufmerksamkeit auf unsere Finger, während wir ruhig vom Chi aus ein- und ausatmen. Unsere Fingerspitzen bewegen wir ebenfalls vom Chi aus.
Im Einatmen verstärken wir die Spannung und drücken die Fingerspitzen, während wir bis fünf zählen, kräftig gegeneinander.
Im Ausatmen lassen wir los. Wir lassen ganz los, bis ins Becken und seine Tiefe hinein entspannen. Zwölfmal.

Danach schütteln wir kurz unsere Arme und Hände aus.
Wo fühlen wir die Entspannung?

Übung III

Wir krümmen jetzt im Ausatmen unsere Finger ganz, die Augen sind geschlossen.
Wir konzentrieren uns
- auf unsere Finger und Fingerspitzen,
- auf unsere Unterarme,
- auf unsere Oberarme,

wir gehen
- durch unsere Schultern,
- zu unserem Nacken,
- unserem Hinterkopf,
- unserem Scheitel hin.

Ganz entspannt ruhig ausatmen.
Langsam die Spannung verstärken.
Dies machen wir siebenmal.
Dann die Hände und Arme kurz ausschütteln.
Wie fühlt es sich jetzt an?
Was nehmen wir wahr?
Wie fühlen sich unsere Augen jetzt an?

14 Unser inneres Sehen

Wir legen uns ruhig auf den Rücken, unsere Beine so gespreizt, daß die Leisten entspannt geöffnet sind. Unsere Füße, die auch entspannt sind, fallen etwas zur Seite nach außen, die Arme und Hände locker am Körper entlang.
Wir regulieren unseren Atem vom Chi aus.
Wir atmen vom Chi-Punkt her ein und werden rundherum weit bis in unsere Gesäßnaht; so entsteht unsere goldene Schale.
Wir nehmen den Boden der Schale wahr und fühlen, wie unsere Beine und Füße sich mit öffnen, wie sie mit loslassen, mit ausstrahlen.
Wir atmen aus
- durch den geöffneten Kopf,
- durch die Wirbelsäule und an ihr entlang,
- durch den Chi-Punkt hindurch,
- durch die Beine,
- zu den Fußchakras hin,
- aus den Fußsohlen hinaus.

Immer wieder das »Kreuz« atmen, bis wir fühlen: »Es« atmet in uns.
Fühlen, wie stark die Energie im Chi-Punkt ist. So stark, daß das Kreuzbein und die Haut dahinter mit dem Chi-Punkt zusammen ein Energiebündel werden. So wird es zu einem großen Auge von strahlender, heilender Energie.
Wir nehmen wahr, wie sich langsam, aber sicher unser Körper verändert; Müdigkeit, Spannung, Druck, Kälte und Schmerzen verschwinden.
Wir fühlen uns wärmer, leichter, kräftiger, aufgeladen.

Jetzt legen wir unseren Zeigefinger, den linken oder den rechten, auf unser linkes Auge.
Was fühlen wir jetzt?

Das Auge liegt wie ein schimmernder Teich ziemlich tief in der Augenhöhle. Wir fühlen, daß dort Müdigkeit sitzt. Vielleicht brennt es etwas oder ist schwer und schläfrig.
Wir schauen damit nach innen und spüren: ich schaue in meine linke Brust. Das strahlt in meinen linken Oberarm.
Jetzt legen wir unseren linken Zeigefinger auf unser rechtes Auge. Zu unserem Erstaunen fühlen wir, daß unser rechter Augapfel hoch und rund ist, auch dunkler, und das fühlt sich ungewöhnlich an.
Das stimmt. Seit unserem Babyalter und unserem ersten Blick zur Mutter schauten wir mit unserem linken Auge, dem emotionalen, dem Gefühlsauge.
Wir unterscheiden die linke Körperhälfte als die weibliche, emotionale, die Gefühlsseite, die rechte Körperhälfte dagegen als die männliche, aktive Seite.
Unser linkes Auge ist mit unserer rechten Gehirnhälfte verbunden. Jedesmal wenn wir ein Bild auf der Netzhaut unseres linken Auges empfangen, wird es in unserer rechten Gehirnhälfte für uns zur Wirklichkeit (und umgekehrt: rechtes Auge – linke Gehirnhälfte).
Wenn wir vom Chi aus atmen, sind Seele und Geist »eingeschaltet« beim Wahrnehmen dessen, was auf uns zukommt. Je tiefer etwas in uns eindringt, um so deutlicher wird es für uns und um so klarer wird das Bild, das sich in uns bildet.
Ein einseitiges Bild entsteht jedoch, wenn der Schwerpunkt unseres Sehens auf dem linken Auge liegt, in Verbindung mit der rechten Gehirnhälfte.
Was ist nur mit uns geschehen, daß wir dieses Instrument, das doch unser Körper ist, so unvollständig beherrschen? Was lassen die Menschen, die den Schwerpunkt ihres Sehens entweder auf das linke oder das rechte Auge legen, in ihrem Leben aus, oder was übergehen sie?
Es führt zu Erstarrung und es wirft auch ein Licht auf unser emotionales Verhalten, auf unsere Unfähigkeit, innerlich loszulassen.
Als ich das immer deutlicher bei Menschen wahrnahm und alle

Folgen bemerkte, die dieses einseitige Sehen mit sich brachte, habe ich darüber meditiert und um Einsicht gebeten: »Wie können wir ganz werden, wenn eine Trennung zwischen rechtem und linkem Auge besteht?«

Wenn wir den Schwerpunkt auf das rechte Auge legen und nur mit dem rechten Auge schauen, dann spüren wir sofort die Kraft und das Licht, die dieses Auge besitzt: Es öffnet unsere gesamte rechte Körperhälfte. Müdigkeit und Spannung lösen sich über unsere Zehen, durch sie hindurch, dazwischen und darunter.
Das rechte Auge ist das heilende, reinigende Auge.
Schauen wir jetzt einmal von unserem rechten Auge aus zum linken Auge. Es geschieht durch unsere Nasenwurzel hindurch. Das linke und rechte Auge sind also keine getrennten Inseln mehr; sie sind durch eine Brücke miteinander verbunden, durch unsere Nasenwurzel.
Aber die Nasenwurzel bewirkt noch mehr. Eigentlich ist sie ein inneres Auge mit einer eigenen Energie, einem eigenen Bereich: unserer Rückseite.
Schauen wir einmal mit unserer Nasenwurzel.
Wir schließen das linke und rechte Auge und schauen mit unserer Nasenwurzel nach innen.
Deutlich nehmen wir wahr, daß die Rückseite unseres Körpers, unsere dunkle Seite, zu strahlen anfängt; die Poren öffnen sich; es wird warm.
Jetzt schauen wir mit drei Augen:

   Rechtes Auge – Nasenwurzel – linkes Auge.

Wir atmen ruhig durch und nehmen wahr, was sich in unserem Körper verändert.
Unsere rechte und linke Körperhälfte werden zu einem Ganzen.
Sie fließen zusammen.
Sogar Füße und Zehen strahlen gleichzeitig aus.
An unserer Rückseite geschieht das gleiche.
Rundherum strahlt Energie wie ein fein um uns herum gewebter Mantel.

Wir sind offen zwischen Erde und Himmel,
zwischen Hinten und Vorne,
zwischen Rechts und Links und umgekehrt.
Durch die geöffneten Poren empfangen wir im Einatmen, zugleich mit unserer Quelle, kosmische Kraft.
Im Ausatmen geben wir, zugleich mit Chi, unserer Quelle, das Zuviel zurück.
Auf diese Weise erhalten wir eine verstärkte Energie durch uns hin, die auch von uns ausstrahlt. Darin fühlen wir uns ganz, sicher und geborgen, in uns selbst.
Erst im Durchleben eines so tiefen Reinigungsprozesses lernen wir, leer zu werden, um uns mit kosmischer Kraft wieder neu füllen zu lassen; zu sein wie jene »Schilfrohrflöte« – still, offen, durchlässig für Gottes Atem (s. S. 58). Und erst dann ist ein erster Schritt auf dem inneren Weg getan. Eine beständige Achtsamkeit von unserer Quelle zu Ihm hin.

In Verbindung mit dem vergrößerten rechten Auge wird die Erstarrung in uns aufgehoben.
Unser Körper ist nicht mehr verteilt, sondern ganz, und erst von dort aus: *heilend* für andere.
Wieviel weiter ist jetzt unser Horizont. Und gleichzeitig mit der Ganzheitlichkeit des Wahrgenommenen erleben wir, wie wir mit göttlichem Licht erfüllt werden.
Das bewirkt, daß wir alles aufnehmen können, ohne es sofort zu verwerfen. Wir können alles lieben und gleichzeitig seine Relativität, seinen zeitweiligen Charakter erkennen.

Wenn wir aber Ruhe, Stille und Schlaf brauchen, benutzen wir das vergrößerte linke Auge:

>   Linkes Auge – Nasenwurzel – rechtes Auge.

Wir atmen ganz ruhig von unserer Chi-Quelle aus.
Unsere Augenlider werden schwer, alles fühlt sich träge an, unser Denken wird still. Bevor wir es merken, schlafen wir.

15 Das Licht

(März 1980:) Von meinem Zimmer zu Hause aus erlebe ich das Licht. Letzte Woche schneite es fein wie Puderzucker. Ab und zu brach das Licht durch auf die schneebedeckte Erde, streichelte die kahlen Bäume, die weißen Hügel in der Ferne. Die Stille und der Frieden, die davon ausgehen, sind kaum zu beschreiben.
Ich stand dort vor dem Fenster und schaute zu den Pforten des Lichts im Süden. Die Verzauberung durch das Licht spiegelt sich so rein in der Erde, daß es scheint, als sei die dunkle Schneeluft vom Licht durchtränkt.

Das ganze Jahr über nehme ich das Licht wahr, wie es zunimmt und abnimmt im Zusammenspiel mit dem Stand der Sonne. Wir Menschen sind uns des Lichts und des Dunkels bewußt, der Veränderung der Jahreszeiten in Licht und Leben.
So sind wir uns auch unserer Tage und Jahre bewußt, unserer Abhängigkeit von Tag und Nacht, unseres Bedürfnisses nach Schlaf, das wir als Selbsterhaltung erfahren.
Wir sind abhängig von Tag- und Nachtkräften.
Wir erleben das klare Wachsein und sind uns dabei unserer Existenz als Person bewußt. Und wir erleben das unbewußte, traumlose Schlafen. Balancierend zwischen klarem Wachsein und tiefem Schlaf, zwischen Aktivität und ihrer Verwirklichung sowie der Übergabe an den Schlaf, das Nicht-aktiv-Sein des Egos, das dann zurücktritt.
Darin erholt es sich: Der Atem vertieft sich. Die Kräfte aus unserer Quelle und unserem Sonnengeflecht strömen leichter durch uns hindurch. Jedes Organ und jede Zelle bringen uns so neue Vitalität und führen die Abfallprodukte ab.

Tag- und Nachtbewußtsein,
Oben und Unten,

Innen und Außen,
Hell und Dunkel
– Gegensätze in uns.

Leben ist nicht nur ein Wechsel von Bewußt-Sein und Unbewußt-Sein. Es gibt viele Arten bewußten Seins, viele Abstufungen in der Antwort auf die höchste Lebensquelle, auf Gott.
Jeder Mensch sieht und erlebt alles von sich selbst, von seiner Mitte her und braucht Bestätigung aus seiner Lebensquelle.
Darum ist das innere Verbundensein mit dem Chi-Punkt so wichtig. Wenn diese Verbindung nicht da ist, können negative Impulse entstehen.

In früheren Zeiten sprachen die Menschen über das Zu- und Abnehmen des Sonnenlichts, wobei sie sich nicht bewußt waren, daß ihre eigene Position auf der Erdkugel diese Veränderung der Sonnenstrahlen bewirkte.
Und trotzdem hatten sie im Grunde recht, denn wenn wir auch heutzutage aufgrund unserer intellektuellen Erkenntnisse wissen, daß die kosmische Sonne sich nicht nach Norden oder nach Süden bewegt, haben wir vergessen, daß die Sonne das Symbol der Lebensquelle *in* uns ist, genauso stark und real anwesend wie auf den entlegensten Orten der Erde.
Mit unserem inneren Auge können wir Zeuge sein, wie sich die Sonne langsam im himmlischen Auf- und Untergehen *außerhalb* von uns bewegt, und wir können die gleiche Bewegung auch *in* uns selbst beobachten.
Unsere innere Quelle schwingt also immer zusammen mit der Quelle außerhalb von uns. Dieses Mitbewegen der inneren Sonne finden wir in alten Mythen wieder.
Wir, in dieser Zeit, haben die Reise der Sonne nach Norden und Süden von Sonnenwende zu Sonnenwende schon fast vergessen. In unserer Begrenzung auf intellektuelle Erklärungen und rationale Logik gehen wir heute davon aus, daß die Sonne nur mit Instrumenten und Formeln untersucht werden kann, so

zum Beispiel durch Messen ihrer Entfernung von der Erde oder durch Analysieren ihrer Substanz.
Macht das die Sonne für uns weniger real?
Wenn wir die Sonne nicht in uns tragen, wie könnten wir dann die Sonne außerhalb von uns wahrnehmen, messen oder analysieren?

Wir, die wir miteinander die Kraft und das Licht der Sonne in uns suchen und auch erfahren dürfen, wissen, daß das Licht in uns ein Symbol von Gottes Licht ist.
Gott ist das, was Licht ausstrahlt. Alle denkbaren Arten und Eigenschaften von Licht.
Die Wissenschaft ist seit der Entdeckung der Radioaktivität in ein Universum von Licht eingetreten. Durch die Beobachtung des Lichts können wir die Existenz von Lichtquellen bestimmen.
Licht in endlosen Variationen und Kombinationen.
Wenn wir versuchen, alte kosmische Symbole in die Sprache des modernen Menschen zu übersetzen, können wir sagen, daß wir veränderliches Licht, Wellen von Licht erfahren.
Die Jahreszeiten zeigen in ihrem Rhythmus das Zu- und Abnehmen dieses herrlichen Lichts an. Dieses Licht, das der Natur Kraft gibt, die ihrerseits den Bäumen, den Pflanzen, der ganzen Vegetation Wachstumskraft verleiht. Allem, was lebt. Auch uns.

Das Licht ist aber nicht nur universell, sondern auch individuell.
Jedem, der aus seinem eigenen Organismus ein Universum von Licht gemacht hat, ist das bekannt.
Auch in uns gibt es Tore, Quellen und Kanäle von Licht. Da ist keine noch so kleine Stelle, die nicht von Licht entzündet würde.
Durch dieses Licht in und durch uns hindurch haben wir Teil am Rhythmus der Jahreszeiten.
Jeder Mensch, der diese Strahlung in sich kennt, ist in sich selbst glücklich und geborgen. Er kennt sich selbst, und von diesem Kreislauf und dieser Fülle des Lichts strömen Kraft und neues Bewußtsein aus, wie ein kristallklarer Wasserfall durch uns

hindurch. Ein Strom, der nie aufhört zu fließen, wenn wir uns ihm nur öffnen.
Dieses kristallweiße Licht reinigt uns, und wir müssen es bewußt und dankbar empfangen und zu unserer Quelle, Chi, durchstrahlen.
Von dort aus öffnet sich das mystische Herz, und von dort können wir die Christuskräfte empfangen.
Das weiße Christuslicht bricht sich in den sieben Farben des Regenbogens. Jede ist mit einem Chakra verbunden. (In meinem dritten Buch* gehe ich ausführlich darauf ein.) Dieses weiße Licht benutzen wir beim geistigen Heilen.

Ich will noch kurz auf das Licht im Zusammenhang mit einigen Meditationsbildern, die wir verwenden, eingehen.
Dies ist eine Zeit, in der wir unsere Aufgabe auf der Erde neu überdenken und revidieren. Jahrhundertelang haben wir von dem gelebt, was die Erde uns bot, ohne Rücksicht auf sie zu nehmen. Jetzt ist die Zeit gekommen, daß wir selbst Opfer bringen müssen, falls das Leben auf der Erde weiterhin möglich bleiben soll.
Wir selbst müssen ein mystischer Wasserfall sein.
Sowohl Wasser als auch Wasserträger.
Vielleicht sind wir zu selbstlosen Opfern erst fähig, wenn wir aus der Pyramide in uns leben. Von ihr aus sind wir sowohl mit der Erde wie auch mit dem Himmel verbunden.
Das Wort Pyramide ist von »pyr«, Feuer, abgeleitet. Die Pyramide ist ein Symbol des alchimistischen Feuers, das aus der vierfachen elementalen Basis der Natur – Erde, Wasser, Luft und Feuer – eine neue, fünfte Essenz erzeugt: die Quintessenz. Alle Alchimisten weisen auf die Erzeugung dieser Essenz hin. Wir können sie auf weltlicher Ebene mit einem Elixier für langes Leben vergleichen; oder mit dem Gold von hohem Wert; oder, emotional betrachtet, mit der reinsten Form der Liebe; oder, mental gesehen, mit der Perle von großem Wert; oder, spirituell

* Chakràs, Auràs, Energien. Wassenaar: 1983. Deutsche Ausgabe: Kösel, in Vorbereitung.

gesehen, mit dem Diamantleib der chinesischen Esoterik, der reinsten Daseinsform, die durch den Kreislauf des Lichts entsteht.
Es ist auch die reinste Form des Wahrnehmens und Schaffens von Schönheit. Es ist Charme, der Kern der Persönlichkeit, das »gewisse Etwas«: er oder sie hat »es«.
Immer ist es das Resultat eines Verfeinerungsprozesses, bei dem das Zarte vom Groben getrennt wird, das Spirituelle vom Materiellen.
Dieser Prozeß ist in verschiedener Weise symbolisch dargestellt worden. Sein bekanntestes Symbol ist die Perle; etwas so Feines und Glänzendes entsteht aus einem fast formlosen Weichtier, der Auster, tief im Meer. So stieg Venus Aphrodite aus dem Schaum des Meeres empor mit einer Perlenkette um den Hals.
Die Perle von großem Wert ist aus Leiden, Konflikten, Auseinandersetzungen und Zweifeln entstanden, die wir in unserem täglichen Leben erfahren.
Diese Perle dürfen wir als eine birnenförmige Träne in einem goldenen Ring von Licht in uns erschauen, wenn wir durch Gewahrwerden, Gefühle und Gedanken zu Harmonie, Wärme, Liebe, Verständnis und Weisheit gelangen.

Übung

Wir setzen uns in der bekannten Weise zur Meditation hin.
Wir regulieren unseren Atem von unserer Chi-Quelle aus und durch sie, bis wir deutlich wahrnehmen, daß Chi-Punkt, Kreuzbein und die darunter liegende Haut zu einer starken Strahlungsquelle zusammengeschmolzen sind. Einer Strahlung, die das gesamte Becken mit den Beinen und Füßen transformiert.
Das Gleiche wirkt nach oben hin, durch das Sonnengeflecht, durch den Brustkorb und den Kehlraum, durch den Kopf und die Kopfhaut hindurch, zum Himmel hin.

Nehmen wir uns ruhig Zeit dafür, um dies in uns selbst wahrzunehmen.

Jetzt atmen wir ein und drehen gleichzeitig beide Augäpfel zur linken Außenecke unseres Gesichtsfeldes und atmen dort aus.
Wir folgen dem Strom des Ausatems durch uns hin bis in die Zwischenräume zwischen den beiden kleinen Zehen des linken Fußes.
Wir atmen wieder ein und bringen beide Augäpfel zur rechten Außenecke des Gesichtsfeldes. Dort atmen wir aus und folgen dem Ausatem, der wie ein Strom durch ein leeres Flußbett zwischen den beiden kleinen Zehen hindurchfließt.
Wir tun dies achtzehnmal sehr aufmerksam, ganz wach.
Dann, nach dem achtzehnten Mal, schauen wir mit beiden Augäpfeln in das dritte Auge hoch, den Punkt zwischen den Augenbrauen. Wir schauen ruhig, ob wir dort goldenes Licht sehen, einen goldenen Ring mit einer birnenförmigen blauen Perle als Mittelpunkt.
Wenn wir die blaue Perle noch nicht sehen, drehen wir erneut achtzehnmal unsere beiden Augäpfel wie zuvor erst zur linken Außenecke und von dort zur rechten und wieder zurück.
Man darf dies nämlich sechsunddreißigmal ausführen.
Wenn Sie die Perle dann immer noch nicht sehen, ist das nicht schlimm, denn Sie werden deutlich spüren, wie entspannt und rein Ihr Kopf geworden ist, wie klar Ihre Augen sind und wie vollkommen entspannt und vital Sie sich fühlen.
Offen zwischen Erde und Himmel.